나의 행복과 모두의 행복

나의 행복과 모두의 행복

서정욱 지음

㈜자음과모음

책머리에

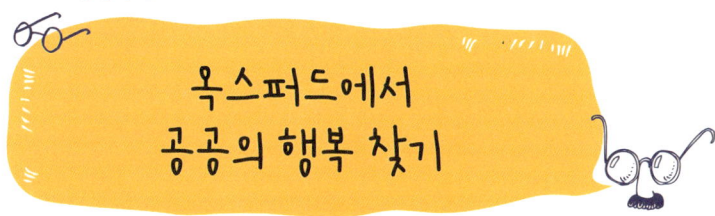
옥스퍼드에서 공공의 행복 찾기

여러분은 이제 저와 함께 철학 여행을 떠나게 됩니다. 여러분은 철학이 무엇인지 아세요? 철학은 무척이나 어렵고 힘들고 따분한 것 같지만, 사실은 가장 친근하고 쉽고 재미있는 학문이랍니다. 간단히 말하자면 철학은 우리가 어떻게 살아야 하는지, 무엇을 우선으로 살아야 하는지, 행복한 삶이란 무엇인지에 대한 답을 가르쳐 주는 학문입니다. 여러분, 철학이 무엇인지 궁금한가요? 그렇다면 책 속으로 함께 여행을 떠나 보세요.

이 책에서 다룰 철학자는 제러미 벤담입니다.

여러분은 '최대 다수의 최대 행복'이라는 말을 들어 본 적 있나요? 이 말을 한 사람은 요셉 프리스틀리라는 영국의 철학자입니다. 그리고 이 말을 우리가 잘 이해하도록 설명한 사람이 바로 영국의 철학자 벤담입니다.

벤담은 런던에서 태어났습니다. 벤담은 아버지의 영향을 받아 좋은 변호사가 되려고 결심했습니다. 그는 당시 영국의 법은 잘못된 것이 많을 뿐만 아니라 쓸모없는 내용이 많다고 생각했습니다. 그래서 법을 공부하고자 했고, 가난하고 불쌍한 사람들이 잘못된 법 때문에 피해를 보는 것을 막고 싶어 했습니다.

아버지 다음으로 벤담에게 영향을 준 사람은 프랜시스 허치슨입니다. 북아일랜드에서 태어나 글래스고대학교에서 도덕과 윤리를 가르친 허치슨 교수는 영국의 유명한 철학자입니다. 허치슨은 행복을 추구하는 것이 곧 선이라고 보았습니다. 이 말은 나중에 벤담을 중심으로 발전한 영국의 공리주의에 큰 영향을 주었습니다.

그리고 허치슨은 선이 곧 쾌락이며, 악은 고통이라고 주장했습니다. 대부분의 사람들은 가능하면 고통을 없애고, 쾌락을 즐기려고 애씁니다. 허치슨의 영향을 받은 벤담은 허치슨의 이 말을 받아들여 자신의 이론에 적용했습니다.

허치슨은 윤리와 도덕의 규칙도 법처럼 사회에 보다 강하게 적용되어야 한다고 주장했는데, 벤담도 허치슨의 이 주장에 동의했습니다.

허치슨의 영향을 받은 벤담은 사람들이 고통을 싫어하고 행복이나 즐거움을 좋아한다고 했습니다. 그런데 범죄를 저지르는 것은 개인에게 고통을 주는 일입니다. 그리고 벌이란 죄를 지은 사람에게 주어지는 고통이죠. 때문에 벤담은 결국 어떤 법을 만들어도 개인에게 고통을 주게 된다고 생각했습니다. 법은 고통을 주기 때문에 범죄와 마찬가지로 악이라고 할 수 있지만, 법을 만드는 것은 앞으로 일어날 범죄를 사전에 막아 주기 때문에 너무 무겁지도 않고 그렇다고 너무 가볍지도 않은 그런 법을 만들어야 한다고 생각했습니다.

범죄를 저지르는 사람은 행복할까요? 불행할까요? 어떤 반에서 한 아이가 다른 아이를 괴롭힌다고 생각해 보세요. 괴로움을 당하는 아이는 당연히 불행하겠죠. 그러면 괴롭히는 아이는 행복할까요? 불행할까요? 설마 자신이 불행하면서까지 남을 괴롭히는 사람은 없겠죠? 벤담은 범죄를 저지르는 사람은 쾌락을 느낀다고 생각했습니다. 사람들이 자신의 이익이나 행복을 위해서 범죄를 저지른다는 것입니다. 하지만 그렇다고 하더라도 죄를 지은 사람은 벌을 받아야 한다고 생각했습니다. 그리고 벌을 받는 것은 당연히 고통이라고 생각했습니다.

결국 벤담이 생각한 법이란, 어떤 사람이 다른 사람에게 고통을 주는 쾌락을 즐겼다면 벌이라는 고통을 받아야 한다는 것입니다. 벌이라는 고통은 쾌락이라는 죄보다 조금 더 무거워야겠죠. 이러한 법을 벤담은 쓸모 있는 법이라고 생각했습니다.

아버지와 허치슨의 영향을 받은 벤담은 공공의 행복을 위해서 노력했습니다. 벤담은 영국에서 쓸모없는 법이 모두 사라지고, 쓸모 있는 법만 있다면 영국 사람들이 모두 행복해질 수 있다고 믿었습니다. 그러나 아무리 쓸모 있는 법이라고 해도 사람들이 지키지 않으면 아무런 소용이 없겠죠. 벤담은 공공의 행복을 위해서는 모든 사람들이 법을 지켜야 한다고 믿었습니다. 그리고 그 법은 도덕과 윤리에 기초를 두어야 한다고 생각했습니다. 결국 사람들은 법을 지키기 전에 도덕과 윤리를 먼저 지켜야겠죠.

그렇다면 사람들은 어디에서 도덕과 윤리를 지키는 방법

을 배울까요? 가정이나 사회에서 도덕과 윤리를 배울 수 있습니다. 그렇지만 도덕을 배우기에 가장 좋은 장소는 학교입니다. 그래서 벤담은 교육의 중요성을 강조했습니다. 벤담이 살아 있을 당시 스코틀랜드와 북아일랜드를 제외한 잉글랜드 지방에는 대학교가 옥스퍼드대학교와 케임브리지대학교밖에 없었습니다. 결국 벤담은 많은 대학교가 생기고 학생들에게 의무적으로 도덕과 윤리학을 가르쳐야 한다고 주장했습니다. 그리고 윤리학이 사회에 정착되고 교육이 개선될 때 사회도 빠르게 변화할 수 있다고 믿었습니다.

여러분, 삶의 목적은 무엇일까요? 허치슨의 생각처럼 고통을 피하고 쾌락을 최대로 누릴 수 있다면, 사람들은 행복해질 수 있을까요? 벤담은 인생의 목적을 '최대 다수의 최대 행복' 실현이라고 했습니다. 벤담은 이것을 도덕과 법을 정하는 기본 원리로 삼자고 했습니다. 이것이야말로 공리주의의 기본 원리라고 믿었습니다.

벤담의 최대 다수의 최대 행복 이야기, 흥미롭겠죠? 우리 함께 벤담이 어떻게 옥스퍼드대학교에서 공공의 행복을 찾았는지 살펴봅시다.

차례

책머리에 옥스퍼드에서 공공의 행복 찾기　5
프롤로그 그냥 예쁘게 보이고 싶었단 말이야!　18

1 1760년의 영국

옷장 속으로 빠져들다?　29
하그리브스 씨와 제니 방적기　39
노팅엄으로　49

　　철학자의 생각　53
　　즐거운 독서 퀴즈　56

2 공리주의

베컴 아저씨는 사회복지사　61
공공의 적? 공공의 이익!　65
가자! 옥스퍼드로!　69
벤담은 열두 살!　73

　철학자의 생각　77
　즐거운 독서 퀴즈　80

3 법학 수업

무시무시한 법　85
벤담의 속마음　95
최대 다수의 최대 행복　99

　철학자의 생각　109
　즐거운 독서 퀴즈　112

4 쾌락 계산법

벤담과 수학　117
여우 사냥 대회　121
학교에서 도덕을 배우는 이유　130

　철학자의 생각　136
　즐거운 독서 퀴즈　139

5 쾌락이란 뭘까?

아저씨의 포부　145
사랑도 쾌락이다　148
벤담의 편지　160
벤담과 밀(양적 공리주의와 질적 공리주의)　168

　철학자의 생각　171
　즐거운 독서 퀴즈　173

6 진정한 행복을 위하여

도넛 가게　179
도넛 이론　183
위기일발 아저씨　188

철학자의 생각　195
즐거운 독서 퀴즈　198

에필로그 해리야, 안녕!　200
네 생각은 어때? 문제 풀이　206

등장인물

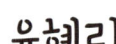

행복초등학교 4학년 3반 학급회장. 행복2동 동사무소 옆 건물에서 유리 언니와 함께 살고 있다. 부모님이 안 계시지만 늘 씩씩하고 밝은 아이. 동사무소에서 사회복지사로 일하는 베컴 아저씨를 좋아한다. 베컴 아저씨를 만나기로 한 어느 날, 예쁘게 보이고 싶은 마음에 언니 옷을 몰래 입고 나가지만, 아저씨는 그런 마음도 몰라주고 안 어울린다며 푸하하 웃음을 터트리고 만다. 너무 속상해서 집으로 돌아와 옷장에 숨는데, 옷장이 진공청소기처럼 빨아 당기며 어딘가로 끌고 간다. 도대체 혜리는 어디로 사라진 걸까?

행복2동 동사무소 사회복지사. 부모가 없는 혜리와 유리를 살뜰히 보살펴 주고 이따금 아이들에게 영화를 보여 주기도 한다. 혜리에게 해리 포터 영화를 보여 주기로 한 날, 언니 옷을 입고 나온 혜리에게 웃음을 터트리는 바람에 오해를 사고 만다. 옷장 속으로 들어가 버린 혜리에게 사과하며 옷장 문 앞에 서 있는데, 혜리가 좀처럼 사과를 받아 주지 않는다. 걱정이 되어 옷장 문을 열려고 하는데, '어?' 어딘가로 빨려 들어가는 느낌이다. 과연 무슨 일이 벌어진 걸까?

해리 포터

1760년 영국에 사는 아이. 까만 머리카락에 흰 피부를 가진 해리 포터 영화의 주인공을 똑 닮은 데다 이름까지 똑같다. 방직 공장에서 일하다 사정이 생겨 도망쳤다. 노팅엄으로 가는 마차의 짐칸에 몰래 숨어 탔는데, 타자마자 이상한 공간으로 빠져들었다. 그곳에서 헤리와 베컴 아저씨를 만나게 되고, 자신을 찾는 무서운 사람들을 피해 얼떨결에 함께 도망친다. 해리는 그들의 비밀을 엿들었다고 하는데, 과연 해리에겐 어떤 사연이 숨어 있는 걸까?

제러미 벤담

1760년 옥스퍼드대학교에서 법과 철학을 공부하는 학생으로 훗날 위대한 철학자로 이름을 남긴다. 열두 살인 벤담은 얼굴이 창백하고 또래 아이들보다 몸집이 작으며, 낯선 사람을 싫어하고 수줍음을 많이 타는 성격이다. 어느 날, 법학 수업을 듣고 나오는데 갑자기 낯선 아저씨와 아이들이 나타나 바보 같은 질문을 해 댄다. 얼마 뒤, 찻집에서 책을 읽고 나가는데 그들이 또 말을 건다. 그러고는 사냥 대회에 나가자는 이상한 제안을 하는데……. 벤담은 그들의 제안을 받아들일까?

최대 다수의 최대 행복을 추구한
공리주의 철학자

제러미 벤담

제러미 벤담은 영국의 철학자이자 법학자로 1748년 런던에서 태어났다. 네 살 때부터 그리스어와 라틴어를 배울 정도로 법률가였던 아버지에게 엄격한 교육을 받았다. 허약하고 겁 많은 아이였으며 사냥이나 낚시보다 식물 채집을 좋아했다. 천재이기도 했던 벤담은 열두 살에 옥스퍼드대학교에 입학하여 법학을 공부했다. 대학 졸업 후 스물네 살에 변호사가 되었지만 변호사로 활동하기보다는 법을 연구하는 데 몰두했다. 그는 '최대 다수의 최대 행복'을 추구하는 공리주의 사상을 펼쳤다. 법과 도덕은 '공공의 행복'이 기본이 되어야 한다고 보았으며, 최대한 많은 사람들이 최대한 많은 행복을 누릴 수 있도록 영국 법을 바꿔야 한다고 주장했다. 바로 '최대 다수의 최대 행복'이 법과 도덕의 기초가 되어야 한다고 생각했던 것이다. 또한 최대 다수의 최대 행복을 추구하기 위해서는 사람들이 서로 고통과 쾌락을 나누고 공공의 이익과 행복을 위해 양보해야 한다고 생각했다.

프롤로그

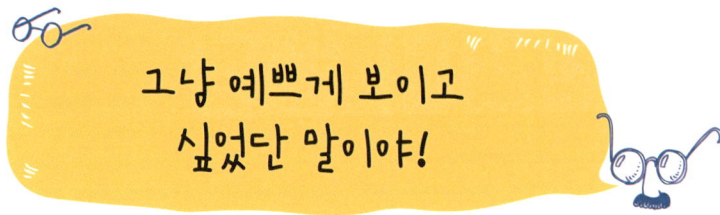
그냥 예쁘게 보이고 싶었단 말이야!

안녕? 내 이름은 혜리라고 해. 유혜리. 내 얼굴만큼이나 예쁜 이름이지? 나는 행복초등학교 4학년 3반의 학급회장이야, 에헴. 행복2동 동사무소 옆에 있는 돼지슈퍼마켓 건물 2층에서 언니와 함께 살고 있어. 미리 말해 두지만 난 부모님이 안 계셔. 하지만 날 불쌍하게 여긴다거나 동정할 생각은 하지도 마. 나는 나를 사랑해 주는 사람들과 함께 있기 때문에 외롭지 않거든.

아참! 그런데 나 이럴 시간이 없어. 오늘 중요한 약속이 있거든. 바로 아저씨와의 데이트야. 아저씨가 누구냐고? 나중에 소개해 줄게. 영국의 축구 선수 데이비드 베컴 알지?

아저씨는 그 사람을 닮았어. 키도 크고 얼마나 잘생겼다고!

비밀인데, 난 오늘 데이트에 언니 옷을 몰래 입고 나가려고 해. 언니가 가장 아끼는 옷 중에서 꽃무늬 셔츠와 짧은 치마를 입을 거야. 언니가 중요한 날에만 입고 나가는 무지 예쁜 옷이거든. 언니가 알면 난리가 나겠지만 깨끗하게 입는다면 아마 절대로 모를 거야.

어때? 내가 입어도 그런대로 예쁘지?

아마 아저씨도 깜짝 놀라지 않을까?

쿵쿵쿵.

"혜리야! 유혜리!"

아저씨가 왔나 봐.

"아저씨!"

"어떻게 된 거야? 시간이 다 되었는데 나오지도 않고, 돼지슈퍼마켓 앞에 서 있겠다고 했잖……아? 풋! 너 그게 뭐냐?!"

"왜요? 뭐가 이상해요?"

"너 그거, 유리 옷 아니야? 푸하하!"

"언니 옷이기는 하지만……. 그게 왜요, 왜 그렇게 웃는 거예요?"

"야, 너 정말 웃긴다. 너 그 옷이 너한테 어울린다고 생각해?"

나는 갑자기 찜질방에 들어간 것처럼 후끈후끈 더워졌어.

"이상……해요?"

"그럼, 이상하지! 그 치마를 네가 입으니 엄마 옷 입은 아기 같다. 그 꽃무늬 옷도 잠옷 같고 말이야."

뭐야. 난 기껏 아저씨가 온다고 예쁘게 차려입었는데 어쩌면 이렇게 심한 말을 할 수가 있는 거야? 계속 킥킥대면서 말이야.

난 다시 방으로 들어가 거울을 보았어. 아저씨 말을 듣고 보니 정말 꽃무늬 셔츠는 잠옷을 입은 것 같고, 치마는 너무 커서 엉덩이까지 흘러내려 가 있었어. 정말 눈물이 날 것만 같았어. 아저씨에게 너무 창피하기도 하고, 유리 언니처럼 키도 크지 않고 예쁘지도 않은 게 속상했어. 데이트고 뭐고 다 집어치우고 옷장 속으로 들어가 숨었어. 옷장은 내가 슬프거나 기분이 우울할 때 들어가는 곳이야. 난 이상하게도 옷장 속에 들어가면 마음이 아주 편해지거든.

"혜리야, 혜리야!"

"……."

"혜리야! 너…… 우니?"

아저씨는 당황했는지 어쩔 줄 몰라 하며 옷장 문 앞에 서 있더라고. 밑에서 보니 키가 더 커 보였어. 그래, 저 아저씨가 바로 내가 말한 베컴을 닮은 아저씨야. 뭐? 하나도 안 닮았다고? 아니야, 자세히 봐. 저 큰 키 하며, 가운데 머리를 닭 벼슬처럼 세운 것까지 똑같잖아! 이건 유리 언니도 인정했다고.

아저씨는 행복2동에서 일하는 사회복지사야. 사회복지사가 뭐냐고? 바로 우리 자매처럼 부모가 없는 아이들이나, 몸이 아파 돈을 벌지 못하는 사람들을 찾아 도와주는 사람이야. 너희들 부모님이 나라에 낸 세금으로 우리 같은 어려운 사람들을 도와줄 수 있도록 중간에서 일하는 사람이지.

전에 우리를 담당하던 뚱보 아줌마가 베컴 아저씨를 우리 집으로 데리고 왔을 때, 세상에! 난 진짜로 축구 선수 데이비드 베컴이 온 줄 알았어. 아저씨는 뚱보 아줌마처럼 꼼꼼하지는 않지만 그런대로 우리에게 잘해 주었어. 설날이나 추석 같은 명절이나 크리스마스 때는 선물도 사다 주고, 가끔 언니와 나에게 영화도 보여 주었어.

오늘도 베컴 아저씨가 해리 포터 영화를 보여 주기로 했어. 게다가 오늘은 대학교 1학년인 유리 언니가 아르바이트를 가기 때문에 처음으로 베컴 아저씨와 나, 단둘이 극장에 갈 수 있는 날이란 말이야. 그런데 아저씨는 나를 보고 킥킥 웃기나 하고. 난 정말 속상해서 해리 포터고 뭐고 다 싫어졌어.

"혜리야. 울지 마. 아저씨가 잘못했어. 응?"

"됐어요!"

나는 여전히 옷장 안에서 나오지 않은 채 말했어. 정말 속상했거든.

"혜리야, 그러지마. 아저씨가 사과할 게. 난 혜리가 못생겼다거나 모습이 우스꽝스러워서 웃은 게 아니라, 그저 귀여워서 그런 거야."

'귀엽다고?'

"정말요?"

"그래. 그러니 어서 옷 갈아입고 나가자. 너 해리 포터 영화 정말로 많이 보고 싶어 했잖아. 아저씨가 예매도 했는데 영화 놓치면 되겠니? 아저씨가 사과하는 의미로 팝콘도 사 줄게."

나는 이제까지 나온 해리 포터 시리즈를 한 번도 빼놓지 않고 다 보았어. 그래서 이번 영화도 정말 보고 싶었고, 또 아저씨가 저렇게까지 사과를 하니 그만 용서하고 나가려고 했지.

그런데! 현관문이 열리는 소리가 들리고 유리 언니의 목소리가 들렸어.

"혜리야! 혜리……. 어? 아저씨 어쩐 일이세요?"

"아, 유리 왔구나? 아르바이트 때문에 늦게 오는 줄 알았는데."

"좀 일찍 끝났어요. 혜리는요?"

"아, 그게 내가 혜리한테 잘못한 게 좀 있어서…….''

"옷장 속으로 들어갔죠?"

"응."

"괜찮아요. 너무 걱정하지 마세요. 저러다가 지치거나 배고프면 금방 나올 거예요."

"그럴까?"

"네."

참 나, 친언니 맞아? 친언니가 동생을 따뜻하게 위로해 주지는 못할망정 베컴 아저씨 앞에서 저렇게 흉을 보다니. 난 언니도 덩달아 미워졌어.

"아, 유리야. 이거…….."

뭐지? 난 궁금해서 참을 수가 없었어. 옷장을 살며시 나와 방문 틈으로 밖을 보았지. 아저씨가 언니에게 뭔가 건네고 있었어. 저게 뭐지?

"지난번에 내가 말한 책인데, 학교에서 철학 수업을 듣는다며? 그럼 이 책이 도움이 될 거야."

"〈벤담과 공리주의〉? 아저씨 책이에요?"

"응. 나는 이 책을 읽고 사회복지사가 되기로 결심했는데, 사회복지사가 되려고 하는 너도 이 책을 꼭 한 번 읽어 보면 좋을 것 같아서."

아저씨는 얼굴까지 빨개지면서 말을 더듬었어. 예전부터 느낀 건데 아저씨는 유리 언니를 좋아하고 있는 게 틀림없어. 나한테는 책을 선물해 준 적도 없단 말이야. 나는 유리 언니도, 베컴 아저씨도 너무 미웠어. 그래서 다시 방문을 쾅 닫고 옷장으로 들어갔지.

"혜리야!"

베컴 아저씨는 내가 걱정이 되었는지 방으로 들어와 옷장 문을 열려고 했어. 나는 열어 주기 싫어서 안간힘을 쓰며 옷장 문을 잡아당겼지만 아저씨의 힘을 당해 낼 수는 없었어.

그런데!

갑자기 옷장이 진공청소기처럼 나를 빨아 당기며 어딘가로 끌고 가는 거야!

모든 행위는 동기와 목적이 중요하다.

-제러미 벤담

1
1760년의 영국

나와 아저씨는 말로만 듣던 4차원 세계를 통과해
1700년대의 영국에 온 거야.
그리고 해리 포터를 만나게 되었지.
그런데 해리는 전혀 마법을 쓰지 못하고
오히려 못된 공장주에게 쫓기고 있었어.
해리와 함께 위기일발 모험 시작!

옷장 속으로 빠져들다?

"여기가 어디지?"

어, 이상하다?

여기는 분명 옷장 안처럼 깜깜한데 어디서 낯익은 목소리가 들렸어.

"살려 줘요! 살려 줘요!"

젊은 남자의 목소리였어. 이 소리는…….

혹시, 베컴 아저씨?

"아저씨, 혹시 베컴 아저씨세요?"

"엇, 혹시 혜리니?"

"네, 아저씨 저 혜리예요. 어디 계시는 거예요?"

"어디, 어디?"

"여, 여기요!"

나는 베컴 아저씨에게 다가가려고 팔을 버둥거렸어. 그렇게 한 걸음 한 걸음 앞으로 가자 사람의 팔이 만져졌어.

"아저씨! 제가 아저씨 팔을 잡았어요!"

"응? 무슨 소리야? 네 손이 어디 있는데?"

어, 그럼 내가 잡은 건 누구 팔이지?

"꺅!"

"혜, 혜리야. 왜 그러니, 응?"

"그럼 제가 방금 잡은 팔은 누구 거란 말이에요? 꺅!"

"저, 저, 노, 놀, 놀라지 마세요."

베컴 아저씨의 목소리가 아닌 다른 사람의 목소리가 들려왔어. 내 또래 남자 아이의 목소리였지.

"누, 누구세요?"

나와 베컴 아저씨가 입을 모아 물었어.

그때, 이상한 일이 벌어졌어. 지진이 난 것처럼 땅이 흔들리더니 사방이 밝아졌어. 갑자기 환한 빛이 들어오자 눈이 부셔서 나는 팔로 얼굴을 가렸어. 눈이 빛에 적응되자 나는 주위를 둘러보았어. 나와 마찬가지로 어리둥절해하고 있는 베컴 아저씨가 보이고 내 바로 옆에는 머리가 까만 어떤 남자 아이가 얼굴을 찌푸리고 서 있었어. 그 애가 고개를 드는 순간, 나는 깜짝 놀랄 수밖에 없었어. 그 애가 글쎄, 내가 봤던 영화 속 주인공과 똑같이 생긴 거야! 나는 베컴 아저씨를 처음 봤을 때보다 더욱 놀랐어. 그 아이는 안경만 쓰지 않았다 뿐이지, 해리 포터처럼 까만 머리카락에 흰 피부를 가지고 있었어.

"어, 너, 너는? 해리 포터!"

베컴 아저씨도 손가락으로 그 아이를 가리키면서 소리를 질렀어.

"내 이름은 해리 포터가 맞는데, 당신들은 누구세요?"

"저, 정말 네가 해리 포터란 말이야? 마법사 해리 포터?"

난 꿈을 꾸는 것 같았어. 혹시 꿈이 아닌가 눈을 깜박여 보았지. 하지만 나 혼자 있는 것도 아니고 저기 저렇게 베컴 아저씨도 있는걸?

"마법사? 전 마법사가 아니에요. 전 런던의 방직 공장에서 일하는 해리 포터라고 합니다."

"그런데, 아저씨. 쟤가 어떻게 한국말을 하죠?"

"글쎄, 그건 나도 모르겠는데, 암튼 옷차림이며 말하는

걸로 봐서는 우리가 알고 있는 마법사 해리 포터는 아닌 게 확실해. 게다가 그 애는 실제로 존재하는 사람이 아닌 영화 속의 주인공이잖아."

우리는 서로 귓속말을 하며 흘깃흘깃 해리 포터를 쳐다보았어.

"그런데 여기는 어디죠?"

우리가 아무리 생각해 봐도 이 애의 정체를 알 수 있을 것 같지 않았어. 우선 여기가 어딘지나 알아야겠다는 생각에 주위를 둘러보았어.

"여기는 런던에 있는 마차 역이에요."

그러고 보니 우리 곁을 지나가고 있는 사람들은 모두 큰 가방을 손에 들고 있었어. 멀리서 말 울음소리도 들렸고 말이야. 엇, 근데 말 울음소리? 시내에 말이 있다? 영화에서만 본 장면인데.

베컴 아저씨도 줄지어 서 있는 마차를 보자 눈이 휘둥그레졌어.

"그런데 해리, 지금이 도대체 몇 년도지?"

해리는 이상한 걸 묻는다는 표정이었어.

"지금은 1760년 3월이에요."

뭐라고? 1760년?

해리의 말이 거짓말 같지는 않았어. 마차 역 안 사람들은 영화나 책에서 보았던 그런 옷차림새를 하고 있었어. 무엇보다 말이 끄는 마차가 지금이 1700년대라는 걸 증명해 주고 있잖아?

"아저씨 이게 도대체 무슨 일이에요?"

"글쎄……. 그런데 혜리 너는 어디까지 기억나니?"

"전 아저씨가 옷장에서 절 꺼내려고 하실 때, 갑자기 옷장 속에서 뭔가가 나를 쑥 끌어당겼던 것까지 기억나요. 아저씨는요?"

"나도 마찬가지야. 널 꺼내려고 옷장 문을 열자마자 갑자기 주변이 깜깜해졌어. 난 정전이 된 줄 알았는데……."

그때 해리가 끼어들었어.

"옷장 귀신이 여러분을 이리로 데리고 온 것 아닐까요?"

"옷장 귀신?"

"우리 영국에서는 옷장 안에 귀신이나, 귀신이 사는 세계가 있다고 믿거든요."

"그럼 네가 귀신이란 말이야?"

"네? 제가 귀신이라뇨? 제가 사정이 있어서 공장에서 도

망치기는 했지만 공장에 가면 제 신분을 확인해 줄 사람들이 얼마나 많은데요. 전 귀신이 아녜요!"

"아저씨, 지금 중요한 건 그게 아니에요. 빨리 돌아갈 방법을 찾아야죠."

"그렇긴 한데, 도대체 어디로 가야 돌아갈 수 있지? 여기가 버뮤다 삼각 지대도 아니고 말이야."

"버뮤다요?"

"그래 버뮤다. 버뮤다는 대서양에 있는 곳인데, 가끔 그 위를 날던 비행기나 근처를 항해하던 큰 배들이 사라지고 있어. 그래서 과학자들은 그 버뮤다가 혹시 4차원 세계가 아닐까 추측하고 있지."

"4차원이요?"

"응, 4차원. 4차원이란 우리가 사는 세계가 아닌 새로운 세계를 말하는 거야. 뭐 쉽게 말하면, 혜리 네가 좋아하는 해리 포터 영화에 나오는 마법 학교 같은 곳이지."

"에이, 그런 곳이 어디 있어요? 그건 영화잖아요?"

"그럼 이 이상한 일이 도대체 어떻게 일어난 걸까?"

"혹시 꿈이 아닐까요? 아저씨, 제 볼을 힘껏 꼬집어 보세요."

"아야!"

"봐, 아프지? 아저씨 생각에는 분명히 꿈은 아니야."

"그럼 뭐란 말이에요? 우리는 어떻게 돌아가야 하죠?"

난 울고 싶었어.

"저……."

해리가 조심스럽게 말을 꺼냈어.

"제 생각에는 노팅엄으로 가는 마차가 다른 세계로 가는 입구가 아닐까 싶어요."

"마차?"

"아까 저도 캄캄하고 이상한 공간에서 여러분을 만났잖아요. 거기가 아저씨가 얘기하시는 4차원 세계인지 뭔지는 모르겠지만."

"그래서?"

"저는 짐칸에 몰래 숨어 탔었거든요. 짐칸에 타자마자 그 공간으로 빠졌던 것으로 보아, 다시 그 짐칸에 올라타면 여러분이 있었던 곳으로 돌아갈 수 있을지도 몰라요."

듣던 중 반가운 소리였어. 집으로 돌아갈 수 있다는 것만 해도 반가운데, 해리 포터처럼 생긴 이 아이가 나서서 도와준다고 하니까 말이야.

"그 마차가 어디에 있니?"

"흠, 그게 문제인데…… 제가 탔던 그 마차는 벌써 떠났어요."

"뭐?"

한 줄기 희망이 보이는 것 같았는데 다시 눈앞이 깜깜해졌어.

"그러나 너무 걱정하지 마세요. 그 마차는 노팅엄 지방으로 떠났는데 곧 돌아올 거예요. 제가 언제 돌아오는지 매표소에 가서 알아보고 올게요."

해리는 정말 다정하고 착한 아이 같았어. 영화 속 해리 포터처럼. 아저씨도 나와 같은 생각을 했는지 감격한 표정이었지.

"그래, 그럼 부탁한다."

그때였어.

"저 녀석! 찾았다! 녀석을 찾았어!"

"이봐, 녀석이 저기 있어! 빨리 가서 잡아!"

마차를 기다리는 승객들 사이로 크게 소리를 지르며 달려오는 어른들이 있었어. 나와 아저씨는 그저 보고만 있었어.

"어서 도망쳐요! 빨리!"

해리가 나와 아저씨의 팔목을 잡아끌었어. 영문도 모른 채 나와 아저씨는 해리를 따라 달려야 했지. 그 아저씨들은 정말 무서워 보였거든. 그나저나 1760년 런던에서 누군지도 모르는 아저씨들한테 쫓겨 다녀야 한다니, 행복초등학교 4학년 3반의 학급회장으로서 체면이 말이 아니란 말이야.

해리를 따라 전속력으로 달리던 우리는 다행히 많은 사람들이 줄을 서 있던 매표소 근처에 숨을 수 있었어.

"헉, 헉! 다행이에요. 그 사람들을 따돌린 것 같아요."

"그런데 너 왜 도망친 거냐? 무슨 잘못이라도 한 거야?"

베컴 아저씨가 의심하는 눈초리로 해리에게 물었어.

"그게 아니라 실은……."

"실은?"

"이야기가 길어요. 지금 절 쫓아온 사람들의 비밀을 제가 엿들었거든요."

하그리브스 씨와 제니 방적기

"비밀? 어떤 비밀?"

"저는 방직 공장에서 일하고 있어요."

"아! 방직 공장! 옷감을 짜는 공장을 말하는 거지?"

아니, 그런데 많아야 겨우 열한두 살밖에 되어 보이지 않는 해리가 공장에서 일을 한다고? 1700년대는 나 같은 어린 아이들도 일을 해야만 하는 시대였나? 나는 궁금한 것이 많았지만 해리의 다음 말을 듣기 위해 참을 수밖에 없었어.

"전 하루에 열다섯 시간을 일했어요."

"열다섯 시간? 안 힘들었어?"

"물론 힘들었죠. 여러분의 시대는 어떤지 몰라도 지금 영국은 산업 혁명의 영향으로 누구나 일을 해야 해요. 일을 하지 않으면 런던에서는 먹고살 수가 없어요. 어린아이도 일을 해야 해요. 전 그나마 나은 편이에요. 우리 공장에는 저보다 어린 일곱 살짜리 꼬마도 있는걸요. 게다가 전 공장에서 염색 일을 하다가 공장주의 눈에 들어서 그분 심부름을 하는 편한 일을 했어요."

"그런데 왜 공장에서 도망쳤지?"

"그날도 다른 날과 다름없이 청소를 하려고 공장주의 사무실로 들어갔죠. 공장주의 커다란 책상 위를 닦고 있는데 실수로 그만 공장주가 아끼던 잉크병을 깨뜨리고 말았어요. 책상 밑으로 잉크가 다 흘렀지요. 그래서 걸레로 쏟아진 잉크를 닦고 있는데, 문밖에서 사람들이 오는 소리가 들렸어요."

베컴 아저씨는 흥미진진한 표정을 감추지 못하고 듣고 있었어.

"저는 공장주한테 잉크병을 깬 것을 들킬까 봐 무작정 책상 밑으로 숨었어요. 만약에 들키면 크게 혼날 테니까요. 공장주는 굉장히 사나운 사람이에요. 공장에서 일하는 어린아이들에게도 그 어떤 공장보다 혹독하게 일을 시킨다고 소문이 나 있었어요. 다행히 공장주는 손님들과 함께 들어와서,

책상 쪽으로 오지 않고 손님들과 이야기를 나누려고 응접실로 갔어요. 얼른 잉크를 마저 닦고 나가려고 하는데 응접실 쪽에서 이야기 소리가 들렸어요. 소곤소곤하는 목소리였지만 알아들을 수 있었죠."

"어떤 이야기?"

베컴 아저씨가 기다리지 못하고 곧바로 물었어.

"자세히 들을 수는 없었지만 대충 하그리브스 씨도 존 케이 씨와 마찬가지로 쫓아내야 한다는 그런 내용이었어요."

하그리브스? 존 케이? 그건 또 뭘까?

"아참, 여러분은 잘 모르시죠? 바로 제니 방적기와 나는 베틀을 발명하신 분들이죠."

"제니 방적기? 그게 뭔데?"

베컴 아저씨는 창피한 줄도 모르고 물었어. 초등학생인 나도 제니 방적기쯤은 책에서 읽어서 알고 있는데 말이야.

"아저씨는 제니 방적기도 몰라요? 옷감 짜는 기계잖아요!"

"야, 모를 수도 있지, 뭘 그렇게 화를 내고 그러나?"

"두 분, 싸우지 마세요. 제 얘기를 마저 들어 보세요. 얘기를 다 들어 보니 공장주와 그 일행들은 하그리브스 씨를 영국 밖으로 쫓아낼 계획을 세우고 있었어요. 그런데 공장주

는 직접 나서지 않고 공장의 노동자들을 이용할 계획이었죠. 노동자들은 제니 방적기를 발명한 하그리브스 씨를 좋아하지 않았거든요."

"아니, 왜? 인터넷에서 보았는데 제니 방적기가 발명된 이후로 옷감 짜는 일을 좀 더 쉽게 할 수 있게 되었다던데?"

"바로 그것 때문이죠. 노동자들은……."

"그건 내가 설명해 주마, 혜리야. 내가 바로 철학대학교 사회복지학과를 수석으로 졸업한 나건아 아니겠니?"

베컴 아저씨가 우리나라에서 제일 좋다는 철학대학교를 졸업한 건 사실이지만, 왜 그렇게 사람이 겸손하지 못할까?

나는 속으로 이런 생각을 하며 베컴 아저씨의 이야기를 들었어.

"산업 혁명 때는 시골이나 변두리 지방에서 돈을 벌려고 도시로 올라온 노동자들이 많았어. 자연히 일자리에 비해 일자리를 구하려고 하는 사람들이 많았지. 일자리를 구하려는 수많은 노동자들 중에서 공장주들이 어린아이를 쓴 이유도 이것과 관계있어. 어린아이들은 비교적 월급을 적게 주고 많은 일을 시킬 수가 있었기 때문이지. 해리가 말한 것처럼 공장 일이 아무리 힘들어도 공장에서 일을 하려는 사람들은 계속 넘쳐 났어. 그런데 제니 방적기 같은 기계가 만들어진다면 어떻게 되겠니? 나는 제니 방적기에 대해서 잘은 모르지만 아마 그 기계는 노동자들이 하는 일을 대신 해 줄 수 있었을 거야. 그럼 어떻게 될지 상상이 가니, 혜리야?"

"그렇다면…… 공장주들이 사람을 쓰지 않고 제니 방적기만 쓰려고 하겠네요? 그럼 노동자들은 일자리를 잃게 되고요."

"그렇지! 아저씨의 설명을 들으니 이제 좀 알겠지?"

"아저씨의 이야기가 맞아요. 그런데 공장주는 또 다른 음모를 꾸미고 있었어요."

"그게 뭔데?"

"공장주는 일단 노동자들을 이용해서 하그리브스 씨를 쫓아낸 뒤에 자기가 제니 방적기의 특허권을 가지려고 했죠."

"아, 공장주는 노동자들 앞에서 노동자들의 입장을 생각해 주는 것처럼 말하고 사실은 제니 방적기를 혼자 차지하고 싶었던 거구나?"

"그렇죠."

"그런데 해리, 궁금한 게 있어. 지금 이 시대에도 특허권이란 게 있니?"

"그럼요. 특허권은 아주 중요한 거예요. 제니 방적기의 특허권을 가지면 다른 공장들이 방적기를 사용하려고 할 때마다 돈을 받게 되죠."

"음, 그렇군."

"신문에서 보았는데 하그리브스 씨 이전에 존 케이라는 사람에게도 비슷한 일이 있었어요. 존 케이는 '나는 베틀'을 만들었는데, 그것 역시 일손을 더는 기계였어요. 옷감 짜는 일을 좀 더 편하게 할 수 있었죠. 하지만 존 케이는 동료들이 시기해서 모든 재산을 빼앗기고 프랑스로 쫓겨나고 말았어요."

"그럼 해리, 너희 공장주는 또 비슷한 사건을 벌여서 자기가 모든 이익을 다 차지하려고 했던 거구나."

"네. 저는 그 이야기를 들으면서 너무 놀랄 수밖에 없었어요. 왜냐하면 공장주는 하그리브스 씨의 절친한 친구거든요."

"뭐? 그게 정말이야?"

"네. 저는 우리 공장을 방문한 하그리브스 씨를 실제로 본 적도 있는걸요. 그의 딸 제니도요."

"제니?"

"제니는 하그리브스 씨의 딸이에요. 하그리브스 씨는 딸을 굉장히 예뻐해서 어디든 데리고 다녔어요. 그래서 자신이 개발한 방적기에도 '제니'라는 이름을 붙인 거죠."

"아하, 그래서 방적기 이름이 제니였구나!"

그건 나도 몰랐던 사실이었어. 새로 알게 된 사실이 신기하기도 했지만 한편으로는 쓸쓸한 생각도 들었어. 딸을 지극히 사랑하는 아빠를 가진 제니는 어떤 아이일까? 나는 제니를 한 번도 본 적은 없지만 제니라는 아이가 부러웠어. 나의 이런 마음을 아는지 모르는지 아저씨는 계속 질문을 했어.

"그런데 너는 어쩌다 들킨 거야?"

"저는 너무나도 놀라운 사실에 가슴이 콩닥콩닥 두근거렸죠. 빨리 이 사실을 하그리브스 씨에게 알려야겠다는 생각이 들었어요. 그런데 하그리브스 씨가 어디 사는지도 몰랐어요. 공장주의 책상을 뒤지면 하그리브스 씨의 주소를 찾을 수도 있다는 생각이 들어서 책상을 뒤지기 시작했어요. 다행히 서랍에는 하그리브스 씨의 편지가 있었어요. 얼른 편지를 가지고 나가려는데, 편지 안에 있던 편지 개봉용 칼이 바닥으로 떨어지고 말았어요."

"편지 개봉용 칼?"

"옛날 사람들은 편지를 많이 주고받았기 때문에 편지 봉투를 뜯는 편지 개봉용 칼을 사용했거든."

"편지 개봉용 칼이 떨어지면서 난 소리가 응접실 안에도 들렸나 봐요. 문이 열리면서 '거기 누구야!' 하는 공장주의 목소리가 들렸어요."

"그래서? 붙잡혔어?"

"제가 붙잡혔으면 여기 있을 리가 있나요? 잽싸게 도망쳤죠. 공장주는 저를 보지 못했는데, 아마 공장에서 일해야 할 시간에 자리에 없는 걸 보고 눈치를 챈 것 같아요. 그래서 쫓아온 거고요."

"그래서 네가 마차를 타려고 했던 거구나?"

"네. 하그리브스 씨의 작업장이 노팅엄에 있거든요. 전 하그리브스 씨를 찾아 빨리 이 사실을 알려 주어야 해요. 공장주가 그랬어요. 쫓아내지 못한다면 하그리브스 씨의 집에 불을 질러서라도 제니 방적기를 차지해야 한다고요."

죽인다고? 자신의 이익 때문에 친구를 죽인다니, 공장주는 정말 악한 사람임에 틀림없어. 나는 제니를 생각했어. 자신을 그렇게 사랑해 주던 아빠가 죽는다면 아마 제니도 나처럼 쓸쓸해질 거야. 안 그래?

"잠깐만."

나는 해리에게 양해를 구하고 아저씨와 조금 떨어진 곳으로 갔어.

노팅엄으로

"아저씨, 우리가 해리를 도와주는 게 어떨까요?"
"뭐?"

내가 예상한 대로 아저씨는 눈을 동그랗게 뜨며 놀란 표정을 지었어.

"어차피 우리가 무슨 이유에서인지는 몰라도 여기에 오게 된 데는 다 뜻이 있을 거라는 생각이 들어요. 게다가 해리는 아직 어리잖아요. 해리가 그 아저씨들한테 붙잡힌다면 어떻게 될지도 몰라요!"

"그, 그런데 혜리야. 그건 그렇지만……."

"아저씨, 저렇게 어린 해리도 자기 목숨을 걸고 다른 사람을 도우려고 하는데 어려운 사람을 돕겠다고 사회복지사가 된 아저씨가 이런 모습을 보여서야 되겠어요?"

"……."

누가 겁쟁이 베컴 아저씨 아니랄까 봐, 내가 이렇게까지 말하는데도 아저씨는 망설였어. 그래서 나는 마지막 카드를 꺼내 들었지.

"아저씨가 계속 이렇게 나오신다면 저도 어쩔 수 없어요. 저 혼자서라도 해리를 돕겠어요. 아저씨는 다시 돌아갈 방법을 찾아서 돌아가세요. 그리고 제가 나중에 돌아가게 되면……."

"돌아가게 되면?"

"아저씨의 이런 모습을 유리 언니에게 다 말해 버릴 거예요!"

"혜, 혜리야!"

나는 마음이 아팠지만 어쩔 수 없이 유리 언니 이야기를 꺼낼 수밖에 없었어. 나는 베컴 아저씨가 유리 언니를 좋아한다는 것을 예전부터 알고 있었거든. 다만 모른 척한 것뿐이지. 하지만 베컴 아저씨를 설득하려면 이 방법밖엔 없단 말이야.

"어쩔 거예요?"

"아, 알았어……. 대신, 이런 내 모습을 절대로 유리에게 말하면 안 된다. 알았지?"

"약속할게요."

우리가 얘기하는 동안 해리는 매표소에 가서 마차 시간을 알아본 모양이었어.

"어쩌죠? 제가 탔던 그 이상한 마차가 돌아오려면 한 달이나 걸린대요."

"뭐, 한 달?"

"네. 제 생각에는 우리가 직접 노팅엄으로 가는 게 빠를 듯해요. 표를 파는 아줌마가 노팅엄역에 가면 그 마차를 찾을 수 있대요."

"그게 정말이야? 너 그 마차를 찾을 수 있겠니?"

"그럼요. 작은 마차가 아니라 짐칸이 딸린 큰 마차라서 금방 찾을 수 있어요."

"아저씨, 그건 걱정하지 말고 어서 출발해요. 지금 한시가 급하잖아요. 하그리브스 씨의 목숨이 달린 일이라고요."

이렇게 해서 우린 마차를 타고 노팅엄 지방으로 떠나게 되었어. 노팅엄까지 가는 길은 멀고도 험했어. 지하철이나 버스만 타 본 사람은 아마 상상도 못 할 거야. 산길을 가다가 마차 바퀴가 빠지는 건 예삿일이고, 말들이 지쳐 베컴 아저씨와 마부 아저씨는 말의 먹이까지 구해야 했어. 물론 베컴 아저씨가 순순히 그런 일을 한 건 아니지. 베컴 아저씨는 사서 고생이라며 내내 툴툴거렸지만 나는 계속 유리 언니 이야기를 하며 협박 아닌 협박을 했어.

 긴 여행 끝에 노팅엄에 도착한 우리는 제일 먼저 하그리브스 씨를 수소문해 찾아 나섰어. 다행히 하그리브스 씨는 그 지방에서 유명한 사람이라 쉽게 찾을 수가 있었어. 하그리브스 씨는 처음엔 우리 말을 믿으려고 하지 않았어. 그도 그럴 것이 공장주는 그와 가장 친한 친구였거든. 하지만 해리의 끈질긴 설득으로 그는 마침내 우리 말을 믿어 주었어. 우리는 하그리브스 씨 집에서 그의 딸 제니도 만날 수 있었어. 제니는 좋은 부모님 밑에서 자란 건강하고 귀여운 아이였어.

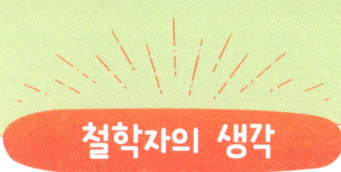

철학자의 생각

영국에서 산업 혁명이 일어난 이유는 무엇일까?

첫째, 유럽에서 가장 활발하게 무역이 이루어졌다

　18세기 후반부터 영국에서 시작되어 인류 역사에 큰 영향을 미친 혁명이 무엇인지 여러분은 잘 알죠? 그렇습니다. 그것은 바로 18세기 말부터 약 100년간 지속된 산업 혁명입니다. 유럽 사람들은 기계와 증기 기관을 발달시켜, 생산 기술을 높였습니다. 생산량의 증대는 사람들에게 새로운 변화를 가져다주었습니다. 산업 혁명으로 질 좋은 상품이 많이 만들어졌기 때문이죠.

　여러분은 책을 통해 산업 혁명이 영국에서 일어났다고 배웠을 것입니다. 유럽의 여러 나라 중에서 영국에서 산업 혁명이 일어난 이유는 무엇일까요? 영국에서 산업 혁명이 활발하게 일어난 이유는 무엇보다 무역 때문입니다. 당시 영국을 제외한 유럽의 다른 나라에서는 무역에 많은 관세를 부과했습니다. 관세는 나라와 나라 사이에 무역을 할 때 내는 세금입니다. 그러나 영국에서는 관세를 거의 내지 않았고 때문에 유럽에서 가장 활발하게 무역이 이루어졌습니다.

무역으로 많은 돈을 번 영국은 사회 간접 자본에 투자하기 시작했습니다. 도로와 다리를 건설하고 항만과 운하를 만들어 더 활발하게 무역을 장려했습니다.

둘째, 새로운 기계를 발명하고 기술을 발달시켰다

영국에서 산업 혁명이 일어난 또 다른 이유는 영국 사람들이 새로운 기계를 발명하고 기술을 발달시켰기 때문입니다. 영국은 예나 지금이나 초원을 중심으로 섬유 산업이 발달했습니다. 이 섬유 산업이 산업 혁명의 원동력이었습니다. 존 케이가 발명한 '나는 베틀'이나 하그리브스가 발명한 '제니 방적기'는 산업 혁명의 시작에 불과했습니다.

영국 산업 혁명에 가장 큰 공을 세운 사람은 제임스 와트입니다. 목수의 아들로 태어난 와트는 물이 끓을 때 생기는 증기를 이용한 증기 기관을 발명하여 사람의 손으로 움직이던 기계를 증기 기관으로 움직이게 했습니다. 특히 와트의 증기 기관이 옷감을 짜는 기술에 적용되면서 영국의 산업에는 큰 변화가 생겼습니다. 증기 기관으로 방적기를 움직이기 시작하면서 사람의 손은 필요 없게 되었습니다. 기계가 옷감을 짰기 때문입니다.

　특히 영국에는 양모 외에도 석탄과 철광 등 지하자원이 풍부했습니다. 18세기 중엽부터 질 좋은 철을 생산하기 시작한 영국 사람들은 철을 이용해 공장을 짓기 시작했습니다.

　그 외에도 영국에서는 우표와 전보를 발명했고 덕분에 산업 혁명은 절정에 달했습니다. 영국의 새로운 기술과 기계는 영국에서만 사용된 것이 아니라 유행처럼 전 세계에 전파되었습니다. 또 전 유럽과 미국으로 퍼진 새로운 기술과 기계는 세계의 모든 나라 사람들의 삶을 편리하고 풍요롭게 해 주었습니다.

즐거운 독서 퀴즈

1 다음은 산업 혁명 시기 일어난 현상에 대한 설명이에요. 맞으면 ○, 틀리면 × 표시를 해 보세요.

❶ 시골이나 변두리 지방에서 돈을 벌려고 도시로 올라온 노동자들이 많았다. ( )

❷ 일자리에 비해 일자리를 구하려는 사람들이 적었다. ( )

❸ 공장주들은 어린아이들이 일을 못하기 때문에 고용하지 않았다. ( )

❹ 공장주들은 어린아이들에게 월급을 적게 주고 많은 일을 시킬 수 있어서 고용했다. ( )

정답

❹○ ❸×
❷× ❶○

2 다음 글에서 설명하는 것은 무엇일까요? (   )

- 하그리브스 씨가 발명한 옷감을 짜는 기계.
- 이 기계를 발명한 하그리브스 씨는 딸을 예뻐해서 어디든 데리고 다녔고, 이 기계에 딸 이름을 붙였다.

❶ 안나 베틀   ❷ 미미 방적기
❸ 제인 베틀   ❹ 제니 방적기

3 영국에서 산업 혁명이 일어난 이유를 모두 골라 보세요.
(   )

❶ 관세를 거의 내지 않아 활발한 무역이 이루어졌다.
❷ 무역에 많은 세금을 부과했다.
❸ 새로운 기계와 기술이 발달했다.
❹ 사람의 손으로 기계를 다루었다.

정답
2 제니 방적기
3 ❶ 관세를 거의 내지 않아 활발한 무역이 이루어졌다. ❸ 새로운 기계와 기술이 발달했다.

옳고 그름을 판단하는 기준은 최대 다수의
최대 행복이다.

－제러미 벤담

2 공리주의

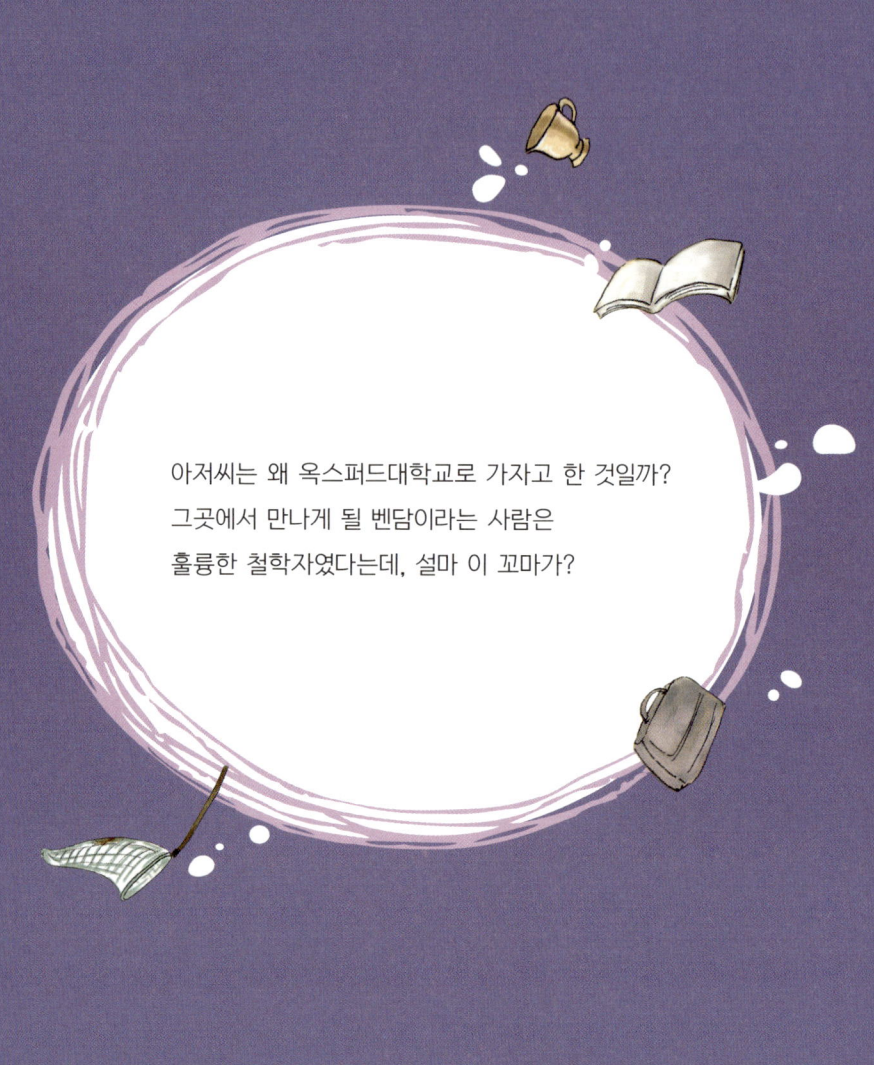

아저씨는 왜 옥스퍼드대학교로 가자고 한 것일까?
그곳에서 만나게 될 벤담이라는 사람은
훌륭한 철학자였다는데, 설마 이 꼬마가?

베컴 아저씨는 사회복지사

우리는 하그리브스 씨의 일을 해결하고 나서 해리가 노팅엄에 있을 거라고 말한 마차를 찾아다녔어. 그런데 어디에도 그 마차는 없었어.

"해리 녀석, 우리를 자기 일에 끌어들이려고 거짓말을 한 게 아닐까?"

베컴 아저씨는 의심스럽다는 듯이 말했어. 해리가 그 마차를 찾기 위해 노팅엄을 헤매고 다니는 동안 아저씨는 꼼짝도 하지 않았어. 봄이라고는 해도 영국은 안개와 매일 내리는 비 때문에 상당히 추웠거든.

나는 아저씨와 방에 틀어박혀서 그동안 궁금했던 것들을

물어봤어. 잘난 척이 심하긴 해도 아저씨는 철학대학교를 수석으로 졸업한 사람이니까. 그리고 사회복지사가 정확히 뭘 하는지는 잘 모르지만 어려운 사람들을 도와주는 직업이라는 것은 알고 있었거든.

"아저씨, 사회복지사는 어떤 일을 하는 사람이에요?"

"혜리야, 넌 그동안 그것도 몰랐단 말이니?"

"대충 알고는 있지만, 정확히 알고 싶어서 그래요."

"음……. 사회복지사는 간단히 말해서 사회의 복지를 위해서 일하는 사람이지."

"치, 그게 뭐예요? 알아듣게 설명을 해 줘야죠."

"복지는 '생활할 만한 환경'을 말하는 거야. 쉽게 얘기하면 사회복지사는 국민들이 모두 행복하게 살 수 있도록 도와주는 직업이라고 할 수 있지."

"그럼 아저씨가 우리 집에 가져다주는 쌀이나 학비는 어디서 나오는 거예요?"

"물론 그 돈은 아저씨가 국가에서 받아 오는 거지."

"대한민국이요? 그럼 대한민국은 그 돈이 어디서 나오나요?"

"혜리는 아직 어려서 세금을 안 내지만 우리나라 국민들

중에 돈을 버는 어른들은 모두 세금을 내고 있어. 그 돈으로 혜리 같은 어린이들을 도와주는 거야."

"아……. 그렇군요."

"그런데 누가 그런 착한 생각을 처음으로 했을까요?"

"사회복지를 제일 먼저 언급한 벤담이지."

벤담? 벤담이라면 어디서 많이 들어 본 이름인데……. 어디서 들었지? 맞아! 바로 베컴 아저씨가 유리 언니에게 준 책에서 보았던 이름이잖아. 그럼 벤담이라는 사람이 베컴 아저씨와 유리 언니의 관계에 무슨 상관이 있는 건 아닐까?

생각이 여기까지 미치자, 벤담이 어떤 사람인지 궁금해졌어. 언니도 벤담을 아는데, 내가 모르면 안 되겠다는 생각이 들었지.

"벤담이 누군데요? 저도 알려 주세요!"

"네가 알아들을 수가 있을까? 좀 어려운 얘기인데."

"그거야, 아저씨가 쉽게 설명해 주시면 되죠!"

"알았어, 알았어. 그럼 잘 들어 봐."

공공의 적? 공공의 이익!

"벤담은 모든 법과 도덕은 '공공의 행복'이 기본이 되어야 한다고 말했어."

"공공의 행복이요?"

"그래. 공공의 적이라는 말은 들어 봤지?"

"영화 제목 같은데요?"

"그래, 공공의 적이란 '많은 사람들의 적', 즉 '많은 사람들을 해롭게 하는 것'이라는 뜻이지. 혜리 네가 생각하는 '공공의 적'은 뭐가 있니?"

"음……. 전쟁이요!"

"그래, 전쟁은 확실히 공공의 적이지. 그럼 공공의 행복은 어떻게 풀이하면 될까?"

"에이, 그거야 공공의 적이 '많은 사람들의 적'이란 뜻이니까, 공공의 행복은 당연히 '많은 사람들의 행복'이죠!"

"맞아. 벤담은 법을 만들 때나, 혹은 나라에서 어떤 일을 할 때 많은 사람들을 행복하게 해야 한다고 주장했던 사람이야."

"네? 그건 너무 당연한 얘기잖아요?"

"지금 네가 듣기에는 그게 너무 당연한 얘기 같지? 그렇지만 해리 말을 들었잖니. 너는 여기 영국에서 살고 있는 많은 사람들이 행복한 것 같니?"

"아니……요."

나는 1760년의 영국에 떨어진 지 이제 일주일도 채 안 되었고, 많은 사람들을 만나 본 건 아니지만, 여기서 지내면서 만나 본 사람 중에 행복한 사람은 없었던 것 같아. 그건 확실하게 알 수 있었어. 해리는 돈도 조금밖에 받지 못하면서 힘든 일을 했고, 하그리브스 씨는 훌륭한 발명품을 만들고도 오히려 위험에 처했잖아?

"그래. 1700년대의 영국에는 아직 계급 제도가 있었지."

"계급 제도요?"

"그래. 귀족과 일반 국민들은 생활이 많이 달랐어. 귀족들은 좋은 옷을 입고 맛있는 음식을 먹고 지냈지만 일반 국민들은 그러지 못했지. 그런데 벤담은 귀족이나 일반 국민이나 구별 없이 최대한 많은 사람이 행복해야 한다고 생각했어."

"그럼 그때에는 그 주장이 당연한 주장이 아니었겠네요?"

"그래. 그래서 벤담은 그 당시 여러 철학자들 중에서 가장 앞선 주장을 했다고들 하지. 앗!"

베컴 아저씨는 이야기를 하다 말고 갑자기 깜짝 놀라는 표정을 지었어.

가자! 옥스퍼드로!

"왜요, 아저씨?"

"혜리야. 우리가 있는 이곳이 지금 몇 년도라고 그랬지?"

"음……. 정확히 기억은 안 나지만, 1760년이라고 했던 것 같아요."

"그렇구나! 그렇다면……."

"그렇다면?"

"벤담이 언제 태어났는지는 정확히 모르지만 지금 이 시대에 살아 있을 가능성이 커!"

"정말이에요?"

"그래. 거의 확실해."

아저씨는 들뜬 표정을 감추지 못했어. 영국의 날씨가 나쁘다고 늘 불평만 하던 아저씨가 그런 기쁜 표정을 짓는 것은 꽤 오랜만이었지.

"헤리야!"

아저씨는 잠시 내 눈치를 살피더니 나를 불렀어.

"우리……. 해리가 돌아오면, 옥스퍼드에 가 보지 않을래?"

"옥스퍼드요? 옥스퍼드대학교 말이에요?"

"그래. 바로 그 옥스퍼드. 그곳이 벤담이 다녔던 학교야. 영국에서 제일가는 대학교라고 할 수 있지."

"그런데 1700년대에도 옥스퍼드가 있었어요?"

"그럼, 옥스퍼드는 이미 1200년대에 생겼는걸?"

"우아, 그렇게 오래되었어요? 대단하다."

"아저씨 기억으로는 벤담은 옥스퍼드에서 법과 철학을 공부했거든. 아마 지금 옥스퍼드에 가면 벤담을 만날 수 있을지도 몰라!"

"우아, 벤담을요?"

나는 유리 언니의 책에서 보았던 벤담을 실제로 만날 수 있다는 게 정말 신기했어. 물론 아저씨만큼 좋을 수야 없겠

지만.

"그런데 아저씨, 뭐 잊은 거 없어요?"

"뭐가?"

"우리는 지금의 서울로 돌아가야 하잖아요? 해리가 마차를 찾아오면 그 마차를 이용해서 우리는 우리가 살던 곳으로 돌아가야 한다고요."

"그래, 그건 그렇지만……."

아저씨는 기쁜 표정을 뒤로하고 다시 고민에 빠졌어. 벤담도 좋지만 우리는 지금의 서울로 돌아가야 해. 나는 행복 초등학교 4학년 3반의 학급회장이고, 게다가 내겐 유일한 가족, 언니가 있단 말이야.

"혜리야, 서울로 가는 것도 좋지만, 아저씨 생각에는……."

아저씨는 심각한 얼굴로 말을 꺼냈어.

"어차피 우리가 서울로 돌아갈 기회는 얼마든지 있어."

"네? 그게 무슨 소리예요?"

"생각해 봐. 해리가 4차원 세계에 빠졌던 그 마차는 노팅엄과 런던을 매주 한 번씩 왕복한다고 하지 않았니?"

"그랬죠."

"그럼 우리가 옥스퍼드를 다녀온 뒤에 그 마차를 타도 크게 문제될 건 없을 거야. 길어야 한 달 정도 걸릴 거고, 이런 기회는 앞으로 다시는 없을 텐데?"

물론 시간 이동이라는 이런 신기한 경험을 다시 하기는 힘들 거야. 게다가 이곳에 온 뒤로 계속 불평만 하던 아저씨가 모처럼 신나 하는 걸 보니 내 마음이 약해지더라고. 그래, 딱 한 달만 있다가 가자!

"좋아요! 그럼 옥스퍼드에 갔다가 돌아가기로 해요!"

"와! 정말 그래 주는 거야? 정말 고맙다, 혜리야!"

베컴 아저씨는 어린아이처럼 좋아했어.

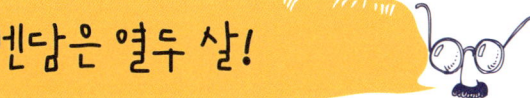

벤담은 열두 살!

해리는 탔던 마차를 겨우 찾아왔는데 우리가 옥스퍼드로 가겠다고 하자 어리둥절해했어.

"그게 무슨 말씀이세요? 옥스퍼드라뇨?"

"우리는 옥스퍼드로 갈 거야. 벤담을 찾아서!"

해리는 베컴 아저씨의 말에 되묻지 못하고 나에게 작은 소리로 물어보았어.

"벤담이 누구야?"

"벤담은 영국에서 사회 보장 제도를 적극적으로 실현하고자 한 철학자래."

"사회 보장 제도?"

"그러니까 해리 너 같은 어려운 사람들을 나라에서 도와주자는 게 사회 보장 제도야."

"그런데 왜 그 사람을 만나러 가는데 아저씨가 저렇게 좋아하시는 거야?"

"아저씨도 한국에서 그런 비슷한 일을 하시거든. 그러니까 벤담이라는 사람은 사회복지사라는 아저씨의 직업을 만들어 냈다고도 할 수 있는 사람이야."

"아, 그래서 저렇게 좋아하시는 거구나."

우리는 베컴 아저씨가 서두르는 바람에 옥스퍼드에 순조롭게 도착할 수 있었어.

옥스퍼드대학교는 내가 상상한 것과 크게 다르지 않았어. 많은 학생들이 잔디밭에 앉아 책을 읽거나 얘기를 나누고 있었지. 조금 이상한 점이 있었다면, 여학생은 하나도 없었다는 점이야. 1700년대에는 남녀 구별이 엄격해서 한 학교에서 함께 공부할 수가 없었대.

나와 아저씨는 동양인이라 눈에 잘 띄었기 때문에 벤담을 찾는 일은 해리가 도맡아 할 수밖에 없었어. 우리는 나무 뒤에 숨어서 해리를 보고만 있었지.

"저, 벤담이라는 학생을 찾고 있는데요. 혹시 어디 있는

지 아시나요?"

해리가 나무 그늘 밑에서 책을 읽고 있는 학생에게 물어보았어.

"벤담? 아, 제러미를 말하는 거구나. 제러미라면 아마 법과대학 정원에서 꽃을 돌보고 있을 거야."

나와 아저씨는 나무 밑에서 기다리기로 하고, 해리가 벤담을 데리고 오기로 했어. 아저씨는 떨리는지 계속 손을 비벼 댔어.

마침내, 저쪽에서 해리가 뛰어오는 게 보였어. 그런데 해리는 혼자였어.

"아저씨! 아저씨! 헉, 헉."

"해리, 너 왜 혼자야?"

"아저씨, 어떻게 하죠?"

"뭐가? 빨리 말 좀 해 봐."

"저, 그게…… 벤담을 만나긴 했는데……."

"만나긴 했는데?"

"저, 벤담은 열두 살의 어린애인걸요!"

철학자의 생각

영국의 공리주의 철학자 벤담

벤담은 어떤 사람일까?

이야기를 읽다 보니 벤담이 어떤 사람인지 궁금하죠? 그렇다면 지금부터 벤담이 어떤 사람인지 한번 살펴볼게요.

벤담은 1748년 런던에서 태어났습니다. 벤담의 아버지는 벤담에게 무엇이든 밀고 나가는 고집을 가지라고 충고했다고 합니다. 어릴 때부터 허약했던 벤담은 사냥이나 낚시보다 식물 채집을 더 좋아했다고 합니다. 심지어 하인들이 들려주는 유령 이야기도 무서워할 정도로 심약한 아이였습니다.

하지만 열두 살에 옥스퍼드대학교에 입학할 정도로 천재이기도 했던 벤담은 열다섯 살에 대학을 졸업하고 스물네 살에 변호사가 되었습니다. 아버지와 영국의 철학자 허치슨의 영향을 받은 벤담은 변호사가 된 이후, 영국의 법을 위해서 한평생을 바쳤습니다. 선한 것은 쾌락이며, 악한 것은 고통이라고 생각한 벤담은 도덕과 윤리의 중요성을 강조하면서, 교육의 필요성도 함께 주장했습니다.

결혼할 기회가 한 번 있었지만 소심한 벤담은 쉽게 결정하지 못하고 망설이다가 20년이 지난 뒤에야 청혼했습니다. 그러나 20년을 기다릴 여자는 없었습니다. 결국 벤담은 죽을 때까지 결혼하지 않고 혼자 살았습니다.

남에게 고통을 주지 않은 삶

세월이 흘러 나이가 든 벤담은 매우 유명해졌으며, 돈도 많이 벌었습니다. 그러나 벤담은 자신을 위해서는 결코 사치를 하지 않았습니다. 벤담이 스스로 느끼는 쾌락은 조용히 음악을 들으면서 책을 읽는 것이었습니다.

쾌락은 선이며, 고통은 악이라고 생각한 벤담은 남에게 고통을 주지 않기 위해서 자신이 죽을 때도 하인을 방에 들어오지 못하게 했습니다. 자신의 죽는 모습을 하인들이 보면 슬퍼할 거라고 생각했기 때문입니다. 그래서 벤담은 자신의 비서만이 지켜보는 가운데 1832년 조용히 눈을 감았습니다.

벤담이 살아 있을 때 영국은 의학이 발달하기 시작했습니다. 벤담은 의학의 발달을 위해서 자신의 시체를 기증한다고 했습니다. 당시 사람들은 시체를 해부하는 것을 아주 꺼려 했습니다. 그래서 의학을 공부하는 사람들은 사람을 해부할 기회가 많지 않았습니다. 벤담은 자신이 죽은 후에 사체를 의사들이 해부할 수 있도록 했습니다.

　기증받은 벤담의 시체를 고맙게 생각한 의사들은 벤담을 미라로 만들었습니다. 이 미라는 현재까지 런던대학교 해부학 박물관에 보관되어 있습니다.

즐거운 독서 퀴즈

1 다음은 앞에서 읽은 내용이 담긴 질문이에요. ( ) 안에 알맞은 답을 써 보세요.

❶ 사회의 복지를 위해 일하는 사람을 가리키는 말이에요. 국민들이 모두 행복하게 살 수 있도록 도와주는 직업이죠. 이 직업은 무엇인가요? ( )

❷ 우리나라 국민들 중에 돈을 버는 어른들은 모두 이것을 내고 있어요. 이것으로 혜리 같이 어린이들을 도와주어요. 이것은 무엇인가요? ( )

❸ 세금으로 어려운 이웃을 도와야 한다는 생각을 처음으로 한 사람이에요. 사회복지를 제일 먼저 언급했던 사람이기도 해요. 누구일까요? ( )

정답
❶ 사회복지사
❷ 세금
❸ 맹자

2 다음은 어떤 철학자의 사상을 정리한 글이에요. 이런 생각과 주장을 한 철학자는 누구일까요? (   )

- 법과 도덕은 '공공의 행복'이 기본이 되어야 한다고 말했어요.
- 법을 만들 때나 나라에서 어떤 일을 할 때 많은 사람들이 행복할 수 있게 해야 한다고 주장했어요.
- 귀족이나 일반 국민이나 구별 없이 최대한 많은 사람이 행복해야 한다고 생각했어요.
- 선한 것은 쾌락이며, 악한 것은 고통이라고 생각했어요. 도덕과 윤리의 중요성을 강조하면서 교육의 필요성도 함께 주장했어요.

❶ 벤담   ❷ 헤겔   ❸ 칸트   ❹ 밀

정답   ❶ 벤담

죄수의 고통도 줄일 수만 있다면 줄이는
것이 사회의 행복에 보탬에 된다.

-제러미 벤담

3

법학 수업

옥스퍼드대학교 학생으로 가장하여
법학 수업을 듣게 된 나와 베컴 아저씨.
영국에는 사람의 코를 베는
무시무시한 법이 있다는데…….

무시무시한 법

"뭐라고?"

아저씨는 그만 그 자리에 털썩 주저앉고 말았어.

"그럼 벤담이 아직 법에 대해서 연구하기도 전이잖아?"

"법이요?"

"그래. 아까도 말했듯이 벤담은 공공의 이익을 지키기 위해선 법이 중요하다고 생각했어. 그래서 옥스퍼드대학교에 들어가서 법학을 공부했지. 그런데 법학 수업을 들으면서 영국 법에 대해서 실망했다고 해."

"왜요?"

"나도 자세히는 몰라. 그래서 그 부분에 대해 벤담에게 직접 듣고 싶어서 여기까지 찾아왔는데, 아직 나보다 훨씬 어린 꼬마라니…….”

아저씨는 정말로 실망한 것처럼 보였어. 나와 해리가 마주 보며 걱정을 하고 있는데 해리가 손가락을 딱 하고 튕기며 소리쳤어.

“아저씨! 아직 실망할 때가 아니에요!”

“뭐?”

“비록 아저씨가 어른인 벤담에게 가르침을 받을 수는 없지만, 벤담이 어떤 과정을 거쳐서 훌륭한 철학자가 되었는지 볼 수는 있잖아요!”

“뭐? 그런데 어린 벤담하고 내가 친구가 될 수 있을까?”

“그건 노력해 봐야죠. 이렇게 실망만 하지 말고 우리 법학 수업이라는 것을 들어 봐요.”

“법학 수업?”

“아까 왜 벤담이 영국 법을 이상하다고 생각했는지 궁금하다고 하셨잖아요. 아까 벤담이 그러는데 자신은 이제 곧 있을 법학 수업 준비 때문에 바쁘다고 했거든요.”

“맞아요, 아저씨! 벤담과 같이 법학 수업을 들으면 벤담의 생각도 알 수 있겠네요!”

아저씨의 얼굴에 생기가 되살아났어. 역시 아저씨는 단순하다니까. 우리는 법학 수업을 듣기로 결정했어. 해리가 어디서 구했는지 옥스퍼드대학교 학생들이 쓰는 모자를 가져왔어. 나와 아저씨는 모자를 쓰고 강의실에 들어갔지. 해리는 허름한 옷을 벗고 학생들이 입는 가운을 걸치니 정말로 옥스퍼드의 대학생 같던걸. 이럴 때 보면 해리 포터라는 이름처럼 정말 마술사 같단 말이야.

벤담은 창가 쪽에 앉아 있었어. 얼굴이 창백하고, 내 또래의 남자 아이인데도 몸집이 나보다 작았어. 이렇게 어린데 옥스퍼드대학교에 들어온 걸 보면 벤담은 정말 똑똑한 아이인가 봐. 나는 벤담을 바라보며 웃었어.

법학을 가르치는 교수님은 머리가 온통 하얀 할아버지였어. 꼭 호그와트 마법 학교의 교장 선생님 같았지. 첫 시간인지 교수님은 간단하게 자신을 소개하고 나서 영국의 법 종류에 대해서 강의하셨어. 영국의 법 종류에는 세 가지가 있대. 첫째 왕이 만든 법, 둘째 국회의원들이 만든 법, 셋째 각 지방 대표들이 만든 법.

이렇게 법이 세 가지나 되다 보니 판사들은 아무 법이나 기분 내키는 대로 적용해서 재판을 했대. 그러다 보니 이익

보는 사람도 있었겠지만, 당연히 손해 보는 사람도 있었겠지? 그런데 더 이상한 것은 법이 이렇게 다른데도 아주 엄격하다는 거였어.

내가 몇 가지 예를 들어 볼게. 남의 돈을 훔치면 어떤 벌이 주어졌는지 알아? 너희들은 아마 돈을 조금 훔치면 가벼운 벌을 받고, 돈을 많이 훔치면 무거운 벌을 받는다고 대답하겠지? 나도 그렇게 생각했어. 그런데 그게 아니었어. 금액에 상관없이 돈을 훔친 사람은 코를 벴어.

놀라는 사람이 많을 거야. 코를 베다니. 나도 처음에 법학 교수님께 들었을 때는 너무 놀라서 입이 벌어졌어. 베컴 아저씨와 해리도 그랬나 봐.

갑자기 해리가 수업 중에 손을 들고 질문했어.

"그럼 교수님, 1페니를 훔치다 들켜도 코를 베고, 10만 파운드를 훔치다 들켜도 코를 벤다는 말씀이세요?"

"물론이야. 지금의 법은 그렇게 되어 있다네."

교수님께서 말씀하셨어.

"그게 이상한가?"

"아니 저, 이상하기보다는……."

"그럼 내가 질문 하나 하지. 소매치기는 어떻게 벌을 줄

것 같은가?"

예상치 못한 질문에 해리는 당황했어.

"저, 그게······."

"자네, 옥스퍼드대학교 법학과 학생이 그것도 모르나?"

"제가 말씀드리겠습니다."

창가에서 목소리가 들렸어. 바로, 벤담이었지.

"그래, 제러미 벤담 군, 자네가 말해 보게."

"사형입니다. 무엇을 훔쳤느냐에 관계없이 소매치기는 무조건 사형을 시키도록 되어 있습니다. 그것도 많은 사람들이 보는 광장에서 처형합니다."

헉, 사형이라니? 지금의 우리로서는 상상도 할 수 없는 일이야, 그렇지?

교수님은 벤담의 대답에 만족했는지 미소 띤 얼굴로 말씀하셨어.

"그럼 오늘 수업은 여기까지 하도록 하겠네."

우리 일행은 영국의 무시무시한 법에 놀랄 수밖에 없었어. 나는 온몸에 소름이 돋는 것 같았어. 우리 셋은 수업이 끝나자마자 빠져나가는 벤담을 쫓아갔어.

"저기, 제러미! 제러미 벤담!"

"무슨 일이지?"

벤담이 뒤를 돌아보며 물었어. 벤담은 인상을 잔뜩 찌푸리고 있었는데, 아마 낯선 사람과 얘기하는 것을 싫어하는 모양이었어.

아저씨가 나서서 질문을 했어. 나는 우리 정체가 들통날까 봐 안절부절못했어.

"저 궁금한 게 있는데 아까 그 법에 대해서 말이야……."

"그게 어째서?"

"아까 교수님이 말씀하신 대로 벌을 주었다면, 범죄가 많이 줄어들었겠네?"

"너는 영국 사람이 아니니?"

"응? 아, 아, 나, 나는 조금 먼 곳에서 와서……."

"왜 그렇게 당황하니? 영국 사람이라면 그런 바보 같은 질문을 할 리가 없어서 물어본 거야."

"뭐라고? 바보 같은 질문이라고?"

아저씨는 화가 났는지 목소리가 커졌어.

"그럼 바보 같은 질문이지. 영국은 지금 범죄가 점점 더 심해지고 있고, 돈이 없어 길거리를 떠돌아다니는 사람들이 더 많아지고 있다는 건 영국 사람이라면 당연하게 아는 사실이니까."

"그건 왜 그런 건데? 법이 엄격하다면 사람들이 무서워서 나쁜 짓을 저지르지 않을 텐데?"

나도 참지 못하고 물었어.

"너희들은 도대체 이 옥스퍼드대학교에 어떻게 들어온 거야? 여기는 엄격한 시험을 통과해야만 들어올 수 있는 곳인데. 생각해 봐. 영국의 법이 무시무시한 것은 사실이야. 그런데 만약 너희들이 판사라면 1페니라는 작은 돈을 훔친 사람의 코를 베거나 사형시킬 수 있겠니? 그럴 수 없겠지? 판사들도 마찬가지야. 판사들은 1페니를 훔치다가 잡힌 도둑의 코를 벨 수 없었기 때문에 아무런 벌도 주지 않고 놓아주었어. 판사가 생각해도 법이 너무 엄격했겠지. 그러다 보니 죄를 저지른 사람이 벌을 받지 않고 무죄로 풀려나오는 일이 많아졌어. 자연스럽게 죄를 지은 사람들과 거리를 떠돌아다니는 부랑자들이 늘어나지 않겠어?"

벤담은 또박또박 설명해 주었어.

"그렇게 된 거구나. 그래서 벤담이 영국 법에 홍수를 일으키자고 한 거구나……."

"뭐라고? 난 그런 말 한 적 없는데?"

아저씨의 혼잣말이 벤담에게 들린 모양이었어.

"아마, 너는 나중에 어른이 되어서 그런 말을 할 거야."

"뭐?"

나와 해리는 너무 놀라서 베컴 아저씨의 팔을 잡아끌었지.

"아, 아니야. 이 아저씨는 원래 농담을 잘하셔. 오늘 얘기를 나눠서 즐거웠어. 앞으로도 자주 만나서 얘기하자."

해리가 웃으면 인사를 했지만 벤담은 아무런 말도 하지 않고 햇살이 비치는 복도로 걸어 나갔어.

"휴!"

나는 한숨을 쉰 다음 말했어.

"아저씨! 벤담에게 그런 말을 하면 어떻게 해요? 하마터면 들킬 뻔했잖아요!"

"미안. 나도 모르게 그만……."

"괜찮아요, 그럴 수도 있죠. 혜리 너도 아저씨한테 너무 그러지 마."

"그래. 혜리 너도 해리를 좀 본받아 넓은 마음을 가지렴. 이름만 비슷하면 뭐하냐."

"뭐라고요?"

"앗, 자, 자, 우리 어디 가서 밥이나 먹자!"
"아저씨! 거기서요!"

네 생각은 어때?

벤담은 쾌락은 선이고 고통은 악이라고 생각하며 죄수의 고통도 줄일 수 있다면 줄여야 한다고 했어요. 따라서 지하 감옥보다 좋은 환경의 감옥을 만들고자 했고, 파놉티콘이라고 하는 원형 감옥을 생각해 냈어요. 파놉티콘은 죄수의 방이 원을 따라 빙 둘러 있고 중앙에 감시탑이 있는 형태로 죄수의 방은 항상 밝고, 감시탑은 항상 어두워요. 간수는 모든 죄수의 움직임을 볼 수 있지만 죄수들은 간수의 움직임을 볼 수 없죠. 간수가 죄수를 늘 감시할 수 있는 구조인 거예요. 오늘날 우리 사회에는 파놉티콘은 없지만 감시 카메라라는 이름의 또 다른 파놉티콘이 존재해요. 감시 카메라는 보이지 않는 곳에서 범죄를 예방한다는 차원에서 설치되었지만 개인의 사생활을 침해한다는 논란을 낳고 있어요. 이에 대한 여러분의 생각을 이야기해 보세요.

▶풀이는 206쪽에

벤담의 속마음

"그런데 아저씨, 아까 홍수를 일으키자고 한 건 뭐였어요?"

"아, 그거?"

우리는 해리가 만들어 온 샌드위치를 먹으면서 이야기했어. 이렇게 옥스퍼드대학교의 잔디밭에 앉아 얘기를 하고 있으니 나는 진짜로 옥스퍼드대학교 학생이 된 것 같았어.

"벤담은 나중에 영국 법의 나쁜 점을 더 연구해서 법을 바꾸자는 주장을 하게 돼. 벤담은 영국의 재판 제도와 법을 아주 더럽고 불결한 마구간과 같다고 했어. 혜리는 마구간을 본 적 없겠지만, 마구간은 자주 청소해야 해. 그렇지 않으면 소나 말이 나쁜 병에 걸리거든. 그런데 마구간을 청소하려면 물을 조금 뿌려서는 안 되겠지. 큰 호수로 물을 마구 뿌려야 마구간이 깨끗해질 수 있어."

"아, 그래서 벤담이 영국 법에 홍수를 일으키자고 한 거였구나."

"그렇지. 그런데 내 생각엔."

아저씨는 골똘히 생각하는 표정을 지었어.

"아저씨 생각엔 벌써 벤담이 어느 정도 영국 법에 대한 생각을 정리한 것 같아."

"벌써요?"

"그래, 벤담은 어릴 때부터 아버지에게 가르침을 받아서 법에 대해서 어느 정도 알고 있었다고 해. 그리고 아까 말하는 거 들었잖니?"

"그런데 벤담은 아직 어리잖아요?"

"그래도 아저씨 생각엔 벤담과 친해진다면 생각보다 많은 걸 배울 수 있을 것 같아."

"그런데 아저씨."

해리가 말을 꺼냈어.

"벤담은 우리와 별로 친해지고 싶지 않은 것 같아요."

"맞아, 벤담은 어릴 때부터 낯선 사람을 싫어하고 수줍음을 많이 타는 성격이었다고 해. 그리고 매우 허약한 체질이었대. 겁도 많은 아이였고."

"그럼 우리가 벤담과 친해지려면 어떻게 해야 하죠?"

"글쎄……."

아저씨는 곰곰이 생각하더니 마침내 입을 열었어.

"무작정 벤담을 쫓아다니면서 말을 걸어 보는 수밖에 없지 뭐."

아저씨의 대답에 나와 해리는 맥이 빠졌어. 하지만 아저씨의 말이 맞으니 어쩔 수 없지. 우리는 옥스퍼드대학교의 이곳저곳을 돌아다니며 구경했어.

"아저씨, 그럼 벤담은 법을 어떻게 고치려고 했던 거예요?"

"음, 아무래도 벤담과 친해지려면 너희들도 어느 정도의 지식을 가지고 있어야겠지. 그럼 지금부터 아저씨가 하는 말을 잘 들어 봐. 질문은 꼭 손을 들고 하고 내가 하는 질문에는 또박또박 대답해야 한다. 알았지?"

"네!"

최대 다수의 최대 행복

"자, 아까 벤담이 주장했던 것이 뭐라고 했지, 해리 포터 군?"

아저씨는 아까 법학 교수님의 말투를 흉내 내며 물었어.

"네, 영국 법을 많은 사람들의 행복을 위한 법으로 고쳐야 한다는 것입니다!"

"그래. 많은 사람들의 행복. 이런 걸 공공의 이익이라고도 하고, 그것을 추구하는 사상을 공리주의라고 하지. 벤담이 이 주장을 하게 된 계기가 있어. 바로 프리스틀리가 했던 말 때문이야."

"프리스틀리요?"

"그래. 벤담이 처음부터 공리주의를 주장한 것은 아니야. 프리스틀리의 책에서 '최대 다수의 최대 행복'이라는 글귀를 읽고 깨닫게 된 거지."

"최대 다수의 최대 행복이요?"

"그래. 아까 말한 공공의 이익과 비슷한 말이야. 최대한 많은 사람들이 최대한 많은 행복을 누릴 수 있게끔 법이 바뀌어야 한다는 거야."

"그러니까 법이 어떻게 바뀌어야 한다는 건가요?"

난 참지 못하고 질문했어.

"어허! 내가 아까 뭐라고 했지? 질문할 때에는 손을 들고 하라고 하지 않았나, 혜리 양!"

"네. 알겠습니다."

"공공의 이익을 위해서 어떻게 법을 바꾸면 될까? 공공의 이익을 위해서 벤담은 무엇보다 의무를 강조했어. 사람들이 자신의 이익만 생각하지 말고 의무를 함께 생각할 때, 행복이 이루어진다고 생각한 거야."

"의무요?"

"그렇지. 의무란 책임과도 같은 거지. 혜리는 학생이니까 공부를 열심히 하는 것이 의무이고, 아저씨의 경우는 아저씨의 일에 최선을 다하는 것이 의무라고 할 수 있지."

"아……."

"그래서 벤담은 가능한 한 많은 사람들이 의무를 다하도록 법을 만들어야 한다고 주장했어. 예를 들면 공공의 이익을 얻는 데 많은 공을 세운 사람에게는 국가에서 상을 준다거나 하는 식으로 말이야."

"아, 그러면 많은 사람들이 공공의 행복을 위해 살아가게 된다고 생각한 거군요?"

"그렇지. 그래서 벤담은 그런 법과 제도를 만들어야 한다고 주장한 거지."

"그럼 지금 우리나라의 법과도 비슷한 거네요."

"그렇지, 법은 기본적으로 공리주의를 따르고 있다고 봐야지. 그런데 여기에는 좀 더 깊이 생각할 것이 있어."

"그게 뭔데요?"

"해리 포터 군, 만약에 어떤 일이 너에게도 즐거움을 주고, 다른 사람들에게도 즐거움을 준다면 넌 그 행동을 하겠니? 하지 않겠니?"

"당연히 하죠. 저한테도 좋고 다른 사람들에게도 좋은 일인데요."

"그럼 네가 한 일이 너에게 고통을 주고 다른 사람에게도 손해를 끼친다면 그 행동을 하지 않겠지?"

"그럼요. 저한테도 좋지 않고 공공에도 해를 끼치는 일을 제가 왜 하겠어요?"

아저씨는 헤리에게 너무도 당연한 질문만 했어.

"그렇다면, 이번에는 헤리 양."

"네!"

내 차례가 되자 크게 대답했어. 너무 쉬운 질문이라 자신 있게 대답할 수 있을 거라 생각했거든.

"만약 네가 한 일이 너에게는 즐거움을 주지만 공공에는 고통을 준다면 어떻게 하겠니?"

"네?"

전혀 예상하지 못한 질문을 받자 난 쉽게 대답할 수가 없었어.

"만약에 네가 공중목욕탕에 갔다고 하자. 너는 넓은 탕에서 물장구를 치고 싶은데 그렇게 되면 주위에 있는 다른 사람들이 차가운 물세례를 받게 되지. 그럴 때 너는 물장구를 치겠니, 치지 않겠니?"

"음……. 글쎄요. 원래 그러면 안 되긴 하지만……."

나는 머뭇거렸어. 왜냐하면 사실 목욕탕에서 물장구를 치고 논 적이 많았거든. 아저씨가 그걸 알고 물어본 걸까? 난 얼굴이 화끈거렸어. 내가 대답하지 못하고 있자 아저씨가 다시 물었어.

"이건 반대되는 질문인데 만약에 네가 하는 행동이 너에게는 고통스럽지만 공공의 행복이 되는 일이라면 어떻게 하겠니?"

"……."

갈수록 어려운 질문뿐이었어.

"해리, 너는 어떻게 하겠니?"

"어렵습니다, 선생님. 저는 그렇게까지는 못 할 것 같아요."

"지금 너희들에게 한 질문에 대해서 아저씨가, 아니 이 선생님이 대답해 볼까? 나도 마찬가지야. 첫 번째와 두 번째 질문은 자신 있게 대답할 수 있어. 하지만, 세 번째와 네 번째 질문은 당연히 망설이게 되겠지. 나와 다른 사람 중 누구를 먼저 생각하는가는 항상 대답하기 어려운 문제야. 벤담도 이 사실을 모를 리가 없었겠지. 그래서 벤담은 법을 고치자고 말했어."

"어떻게요?"

우리는 입을 모아 물었어.

"법을 만드는 사람들이 법을 만들 때, 개인의 행복과 공공의 행복을 함께 생각해야 한다는 거야. 나도 그렇지만 너희들도 같은 생각을 한다고 믿어. 너희들은 공공의 이익과 개인의 이익 중에서 무엇이 먼저라고 생각하니? 난 개인의 이익이 우선이라고 생각해. 내 이익이나 쾌락이 곧 내 행복 아니겠니? 벤담도 그걸 인정하고 있어. 즉 보통 사람이라면 자기의 이익을 다른 사람의 이익보다 중요하다고 생각할 거야. 그러나 법을 만드는 사람은 개인의 이익보다는 공공의 이익을 생각하고 법을 만들어야겠지."

나는 안심했어. 나뿐만 아니라 다른 사람들도 자신의 행복을 가장 소중하게 여기겠지?

"그런데 여기에도 문제가 있어. 법이 모든 사람을 행복하게 해 줄 수 있을까?"

"그럴 수는 없겠죠."

"그래, 내가 예를 하나 들어 볼게. 대한민국에서는 도둑질을 하게 되면 감옥에 가게 되지. 도둑이 감옥에 가면 도둑을 뺀 나머지 많은 사람들은 안심하고 밤에 잠들 수 있겠지? 그런데 여기에서 행복하지 않은 사람이 있어. 그게 누굴까?"

나는 자신 있게 손을 들었어.

"혜리 양, 말해 봐요."

"바로 도둑 자신입니다."

"맞아. 도둑은 감옥에 가기 때문에 행복하지 않겠지. 이런 경우에 어떻게 하는 게 좋을까?"

"당연히 도둑은 행복하지 않더라도 다른 많은 사람들이 행복할 수 있도록 도둑을 감옥에 가둬야겠죠."

"그렇겠지? 이게 바로 최대 다수의 최대 행복이라는 거야. 물론 어떤 법이나 제도가 모든 사람을 행복하게 만들어 줄 수는 없어. 하지만 되도록 많은 사람들이 행복해질 수 있도록 법을 만들어야 한다는 거지."

아, 나는 무슨 말인지 알 것도 같았어. 그때 떠오르는 생각이 있었어. 나는 손을 들었지.

"그럼 아저씨, 아니 선생님. 다수결도 공리주의와 관계가 있겠네요?"

"오, 혜리 양이 보기보다는 똑똑하군. 그런데 왜 그런 생각을 했지?"

"지난주에 현장 학습을 어디로 갈 것인가에 대해서 학급 회의를 했어요. 반 아이들 거의 모두가 학교 뒷산으로 곤충

채집을 하러 가자고 했는데 우리 반 부회장인 장군이만 자꾸 놀이동산에 가자고 하는 거예요. 그래서 다수결로 결정하기로 했어요. 당연히 대부분의 아이들이 곤충 채집을 하러 가는 의견에 손을 들었어요. 이럴 때도 최대 다수의 최대 행복이라는 말을 쓰는 거죠?"

"그렇지. 장군이는 비록 그 결정에 행복하지는 않겠지만 모든 아이들이 그렇게 하기를 원했으니 공공의 이익에 따라야 하는 거지. 그런 이야기를 하는 것을 보니 혜리가 아저씨의 말을 이해했구나."

나는 으쓱해졌어. 옆에 유리 언니가 있다면 아마 나보다도 대답을 못했을 거야. 해리도 내가 하는 말을 듣더니 엄지손가락을 치켜올려 주었어.

네 생각은 어때?

벤담은 '최대 다수의 최대 행복'이라는 말을 기초로 영국 법에 홍수를 일으켜야 한다고 했어요. 벤담은 공공의 이익을 위해 법을 어떻게 바꾸어야 한다고 했나요? ▶풀이는 207쪽에

"자 그럼, 이만큼 이해했으니 이제는 좀 쉬어야 하지 않을까? 벤담에 대해서 더 조사해야 할 것도 있고 말이야."

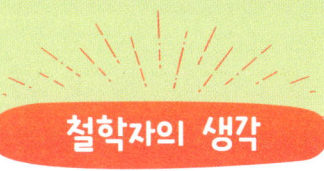

최대 다수의 최대 행복

개인보다 우리의 쾌락이나 고통이 중요하다

　최대 다수의 최대 행복이란 무엇일까요? 다른 말로 하면 공공의 행복이라고 할 수 있죠. 이 말을 가장 먼저 한 사람은 프리스틀리지만, 이후 영국의 공리주의자들은 모두 이 말을 사용했답니다.

　벤담은 최대 다수의 최대 행복을 자신의 모든 이론의 기초로 삼았죠. 여기서는 벤담의 이론에 기초가 된 최대 다수의 최대 행복에 대해서 살펴보도록 할게요.

　도덕과 법 중 무엇이 먼저일까요? 물론 도덕이 기초가 되어서 법이 만들어지겠죠. 모든 사람들은 어릴 때부터 가정에서 도덕을 배웁니다. 물론 사회에도 그 사회에 맞는 도덕이 있겠죠. 그리고 사회에는 법이 있습니다. 그리고 법은 그 도덕이 기초가 되어 만들어진 것이죠. 그렇다면 도덕은 법을 만드는 기초와 같은 것이겠죠.

벤담은 사람이 어떤 행동을 할 때 쾌락이 따르면 행동을 하고, 고통이 따르면 행동을 하지 않는다고 했어요. 벤담은 최대 다수의 최대 행복을 도덕의 기초로 삼았다고 했죠. 그렇다면, 사람들이 어떤 행동을 하고 안 하고는 개인의 쾌락과 고통으로 결정하는 것이 아니라, 최대 다수, 즉 우리의 쾌락이나 고통으로 결정해야 하는 것이겠죠.

서로 고통과 쾌락을 나누고 양보하는 것

사람들은 결국 자신의 고통과 쾌락에 따라 행동하면서도 다른 사람의 눈치를 볼 수밖에 없습니다. 내가 어떤 행동을 할 때 나의 쾌락과 고통이 먼저지만, 내 주변 사람의 쾌락이나 고통도 생각하고 행동하겠죠. 최대 다수의 최대 행복이란 바로 이런 뜻이랍니다. 사람이 살면서 서로 고통과 쾌락을 나누고 공공의 이익과 행복을 위해 양보하는 것. 그것이 바로 최대 다수의 최대 행복을 추구하는 길이랍니다.

결국 벤담은 옳은 행동은 쾌락을 증가시키고, 옳지 못한 행동은 고통을 증가시킨다고 생각한 것입니다. 이는 쾌락을 즐기기 위해서 사람들은 옳은 행동을 해야 하며, 고통을 줄이기 위해서 옳지 못한 행동을 해서는 안 된다는 의미이기도 합니다.

개인의 선, 옳은 행동, 쾌락이 모이면 결국 사회의 선, 옳은 행동, 쾌락이 됩니다. 개인의 선을 모두 합하면 결국 사회의 선이 되는 것이죠. 그렇다면 우리가 바라는 최대 다수의 최대 행복이 사회의 선이고, 옳은 행동이며, 쾌락이 되는 것이겠죠.

벤담은 바로 이런 최대 다수의 최대 행복이야말로 도덕의 기초가 될 수 있다고 보았습니다.

즐거운 독서 퀴즈

1 다음은 벤담의 철학에 대한 내용이에요. (   ) 안에 알맞은 낱말을 써 보세요.

벤담은 영국 법을 많은 사람들의 (❶   )을 위한 법으로 고쳐야 한다고 주장했어요. 많은 사람들의 (❶   )은 공공의 이익이라고도 하고, 그것을 추구하는 사상을 공리주의라고 해요. 그는 최대한 많은 사람들이 최대한 많은 (❶   )을 누릴 수 있게 법을 바꿔야 한다고 했어요.

공공의 이익을 위해서 벤담은 (❷   )를 강조했어요. 사람들이 자신의 이익만 생각하지 말고 (❷   )를 함께 생각할 때 (❶   )이 이루어진다고 생각했어요. 때문에 가능한 한 많은 사람들이 (❷   )를 다하도록 법을 만들어야 한다고 주장했어요.

정답

❶ 행복
❷ 의무

2 벤담이 말한 최대 다수의 최대 행복과 관련 있는 것에 모두 동그라미 해 보세요.

개인의 악	사회의 선	잘못된 말
옳은 행동	고통	쾌락
옳지 못한 행동	사회의 악	

정답

사회의 선, 옳은 행동, 쾌락

쾌락은 선(善)이고 고통은 악(惡)이다.

-제러미 벤담

4 쾌락 계산법

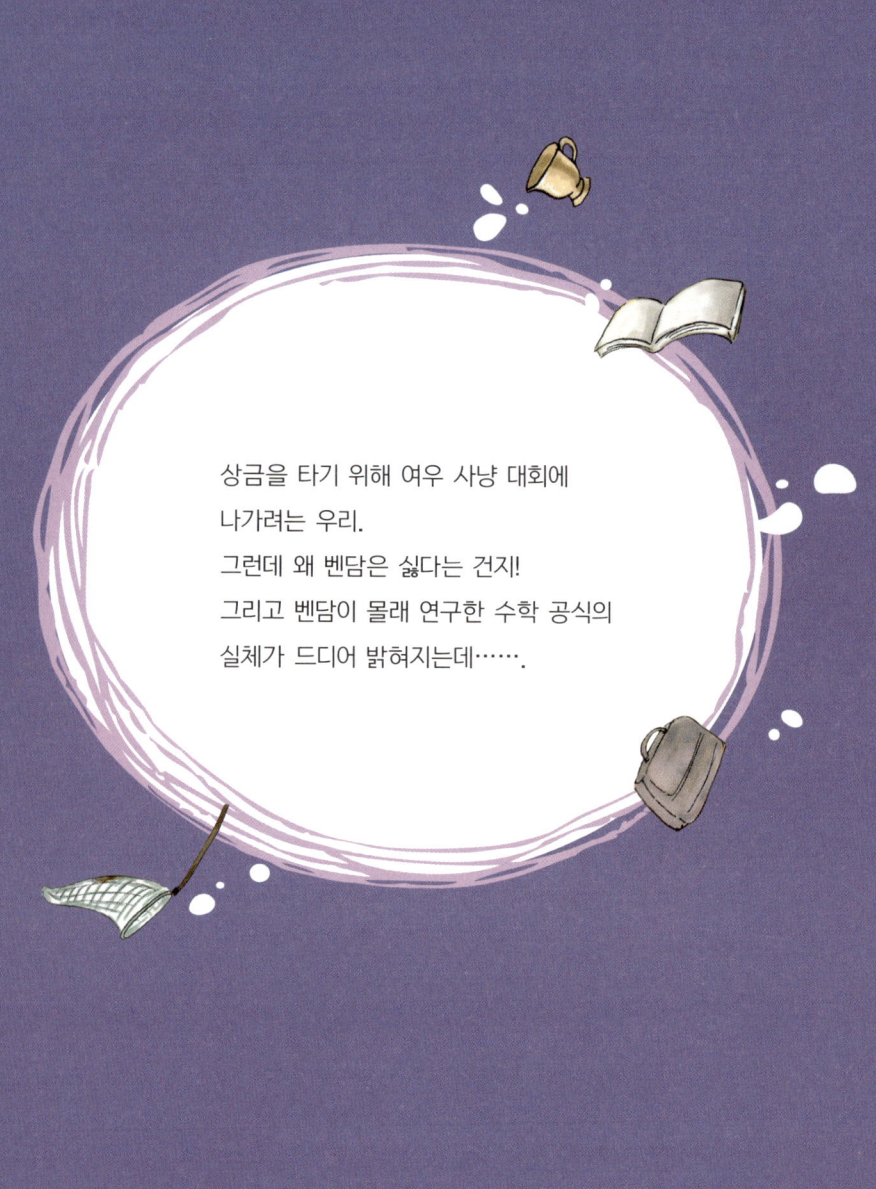

상금을 타기 위해 여우 사냥 대회에
나가려는 우리.
그런데 왜 벤담은 싫다는 건지!
그리고 벤담이 몰래 연구한 수학 공식의
실체가 드디어 밝혀지는데…….

벤담과 수학

 우리는 벤담이 자주 들른다는 찻집으로 향했어. 벤담 주위 사람들의 말에 따르면 벤담은 수업 시간 이외에는 그 찻집에 들러 책을 읽곤 한다는 거야. 벤담은 내 또래인데 벌써 커피를 마시다니, 여기가 영국이 맞기는 맞나 봐. 그렇지?
 벤담이 자주 간다는 찻집은 커피와 도넛을 파는 가게였어. 나도 아저씨도 해리도 모두 그 도넛 냄새에 침이 꿀꺽 넘어갔어. 벤담은 구석에 앉아 두꺼운 책을 읽고 있었어. 이상하게도 여기에 온 뒤로 우리는 모든 영국 사람들과 말이 통했지만 글은 읽을 수가 없었어.
 아저씨가 해리에게 귓속말로 물었어.

"해리야, 벤담이 읽고 있는 저 책에 제목이 뭐라고 쓰여 있니?"

"저도 잘은 모르겠지만 '수학의 원리'라고 쓰여 있네요."

"수학의 원리?"

"이상한데. 법학과 학생인 벤담이 수학을 공부하고 있다니?"

"수학도 좋아하나 보죠, 뭐."

나는 아무렇지 않게 대꾸했어.

"아니야, 벤담이 왜 수학을 공부하고 있는 거지? 이유가 있을 거야. 가만있어 보자……."

아저씨는 대학교 때 벤담에 대해서 공부한 내용을 떠올리려고 노력했어.

"아! 혹시 그것을 연구하려고 하는 게 아닐까?"

"뭘 말이에요? 아저씨?"

"아, 아니야. 아직 확실하지 않으니 조금만 더 지켜보자꾸나. 어쩌면 저 연구가 끝나면 우리는 벤담의 쾌락 계산법에 대해서 벤담에게 직접 들을 수 있을지도 몰라."

"쾌락 계산법이요?"

"그나저나 저 도넛은 정말 맛있겠는걸? 그렇지 않니, 혜

리야?"

아저씨는 딴청을 피우며 말을 돌렸어. 나는 도넛을 보니 서울에 있는 유리 언니가 생각났어. 유리 언니는 도넛을 좋아해서 도넛 가게에서 아르바이트를 한 적도 있었거든. 사실 유리 언니가 공주병이 좀 심하고 가끔 무서워서 그렇지 나한테 잘해 주려고 고등학교 때부터 많은 아르바이트를 했어. 해리가 방직 공장에서 일했던 것처럼 비참하지는 않았지만, 언니는 공부와 아르바이트를 동시에 하느라고 많이 힘들었을 거야. 나는 도넛을 먹으면서 이 도넛을 언니에게 가져다줄 수 있으면 얼마나 좋을까 생각했어. 그런데 베컴 아저씨도 같은 생각을 한 모양이야. 베컴 아저씨는 도넛을 보면서 중얼거렸어.

"유리가 도넛을 참 좋아하는데……."

베컴 아저씨는 정말로 유리 언니를 좋아하나 봐. 그렇다면 나는 이제 베컴 아저씨를 좋아하면 안 되는 건데…….

난 여러 가지 생각에 빠져 있었어. 그때 옆자리에 앉은 학생들의 목소리가 들렸어.

"너 그 대회에 나갈 거야?"

"응, 물론이지. 그 대회에서 일등을 하면 성적을 한 단계

높여 준다고. 게다가 많은 상금이 걸려 있는데 안 나갈 수가 있어?"

 상금? 난 귀가 솔깃해졌어. 해리도 마찬가지인지 그쪽으로 귀를 곤두세우더라고. 베컴 아저씨와 나는 영국 돈이 없어서 지금까지 해리가 공장에서 가지고 나온 돈으로 차비를 하고 밥을 먹었거든. 그런데 이제 그 돈도 떨어져 가고 있었어. 그리고 해리가 공장에서 얼마나 힘들게 일해서 번 돈인 줄 알면서도 그 돈을 계속 쓴다는 게 너무 미안했어. 그러던 중에 상금 얘기를 듣게 되니 귀가 솔깃해질 수밖에.

여우 사냥 대회

근데 그 대회란 게 도대체 어떤 대회일까? 잘난 척하기 대회라면 베컴 아저씨가 일등을 할 수 있을 것 같고, 달리기 대회라면 몸이 다람쥐처럼 날쌘 해리가 잘할 수 있을 텐데 말이야. 나는 뭘 잘할 수 있지? 퀴즈 대회 같은 것은 자신이 있는데. 나는 평소에 호기심이 많아서 인터넷 서핑을 하는 게 취미야. 그래서 상식이라면 아마 백과사전 정도는 알고 있을걸.

"일등은 어떻게 뽑는대?"

학생들의 말이 이어졌어.

"아마 여우를 사냥할 것 같아. 팀을 짜서 그룹으로 사냥을 한다는데, 팀마다 총을 한 자루씩 나누어 준대."

사냥 대회?

우리 일행은 이만저만 실망이 아니었어. 대회에 나가서 상금을 타 볼까 하는 생각도 와르르 무너지고 말았지.

"무슨 대회인지는 몰라도 한번 나가 볼까 했는데 안 되겠군. 사냥이라니."

"그러게 말이에요. 영국 귀족들이 사냥을 즐긴다는 건 영화에서 봤지만 학교에서도 사냥 대회를 열 줄은 몰랐어요."

해리는 아무 말도 하지 않고 있었어.

"왜 해 보지고 않고 포기해요? 우리 한번 도전해 봐요!"

"뭐?"

"아저씨는 머리가 좋고 나는 달리기를 잘하잖아요. 해리도 몸이 날쌔고요. 우리가 힘을 합친다면 일등을 할 수 있을지도 몰라요!"

"에이, 말도 안 돼. 여기에 다니는 학생들은 어려서부터 사냥을 배운 학생들이야. 총 쓰는 법도 알고. 하지만 우리는 사냥법도, 총을 다루는 법도 모르잖니? 그건 무리야."

"그럼 여기 학생이고, 어려서부터 사냥을 배운 사람을 우리 팀으로 만들면 되죠."

"그게 누군데?"

"바로, 벤담이요!"

"아, 벤담이 있었지, 그런데 벤담이 우리 팀으로 들어오려고 할까?"

"그건 설득해 봐야죠. 법학 수업을 같이 들어서 우리를 아니까 의외로 함께 참가해 줄지도 몰라요."

우리가 소곤소곤 얘기하는 사이에, 벤담은 책을 들고 일어나 가게에서 나가려고 했어.

"저기, 벤담이 가려고 해요!"

"벤담!"

벤담이 뒤를 돌아보았어.

"또 너희들이구나, 무슨 일이지?"

그런데 벤담은 자기보다 나이가 훨씬 많은 아저씨를 보고도 계속 반말을 했어. 나는 벤담의 예의 없는 행동을 참을 수가 없었어.

"그런데 너 왜 아까부터 자꾸 반말을 하는 거야? 이 아저씨는 너보다 나이가 훨씬 많은데!"

"그게 어때서? 우리는 같은 옥스퍼드대학교 학생 아닌가? 같은 학생끼리 반말하는 건 당연하지."

너무 태연하게 대꾸하는 바람에 나는 할 말을 잃고 말았어. 점점 더 화가 났지만 해리와 베컴 아저씨가 말리는 바람에 참을 수밖에 없었지.

"그런데 자꾸 귀찮게 무슨 일이야? 용건만 간단히 말했으면 해. 나는 바쁘거든."

"저기, 벤담."

해리가 미소를 지으면서 말을 꺼냈어.

"우리와 사냥 대회에 같이 나가 보는 게 어때?"

"뭐? 지금 뭐라고 했어?"

벤담의 얼굴이 더욱더 찌푸려졌어.

"그러니까 옥스퍼드에서 열리는 사냥 대회에 같이 나가 보자고."

"너희들 나를 놀리려는 거야? 진심으로 그런 말을 하는 거야?"

"우리는 진심으로 말하고 있는 거야."

"사냥 대회 따위는 너희끼리 해. 나는 그런 무식하고 덜떨어진 사람이 아니니까!"

"뭐라고? 그럼 사냥 대회에 나가려는 우리는 무식하다는 거야?"

착한 해리도 더 이상은 참지 못하겠는지 목소리를 높였어.

"그럼 당연하지. 사냥 대회 같은 거에 참가해서 뭘 하려는 거지? 그건 정말로 무식하고 멍청한 짓이야!"

"이게!"

해리가 벤담의 멱살을 잡았어. 같은 나이라도 해리가 훨씬 키가 컸기 때문에 가벼운 벤담은 몸이 들렸어.

"해리!"

나와 아저씨는 깜짝 놀라서 소리를 질렀지. 해리가 저렇게 화를 내는 걸 처음 봤거든.

"해리! 그만해. 그러지 마!"

우리가 나서서 뜯어말리자 그제야 해리도 벤담을 내려놓았어. 벤담은 씩씩거리면서 해리를 노려보다가 뒤돌아서 가려고 했어.

"벤담! 잠깐 서 봐."

나는 벤담을 불러 세웠어. 여기서 벤담을 그냥 보내면 영영 벤담의 얘기를 듣지 못할 거고 그럼 옥스퍼드까지 온 의미가 없잖아.

"미안해. 내가 대신 사과할게. 해리는 원래 저런 아이가 아닌데. 너무 흥분해서 그런 거야. 미안."

나는 최대한 부드럽게 말했어. 벤담도 어느 정도 화가 풀렸는지 대답했어.

"아니야. 내가 말을 심하게 한 것도 있지. 해리라고 했지? 미안하다."

벤담은 생각보다 그렇게 건방진 아이는 아니었나 봐. 해리도 벤담의 사과를 받아 주었어.

"아니야. 말로 해결했어야 하는데, 폭력을 써서 미안해."

"자, 그럼 둘은 화해한 거지? 그럼 벤담 너에게 한 가지만 물어볼게. 사냥 대회를 왜 그렇게 싫어하는 거야?"

"나는 고통을 싫어해. 세상에서 제일 나쁜 짓은 바로 고통을 주는 일이야."

"고통?"

"그래. 사냥이나 낚시는 동물들에게 고통을 주는 일이잖아? 적은 수의 사람들이 즐거움을 누리려고 많은 동물들에게 고통을 주는 것은 악이라고 생각해."

우리 셋은 벤담의 말을 귀 기울여 들었어. 벤담이라는 유명한 철학자가 직접 가르쳐 줄 일은 또 없을 테니까.

"그건 그렇지. 그럼 네 말에 따르면 사냥이나 낚시를 즐

기는 게 나쁘다는 거야?"

"응, 나는 그렇게 생각해. 사실 난 태어날 때부터 허약한 체질이었어. 그래서 병도 자주 걸리고 자주 아팠지. 내가 많이 아파 봐서 아는데 고통은 정말 끔찍한 거야. 그런데 단지 즐거움을 누리기 위해 사냥을 한다니 그건 정말 이기적인 생각이야."

우리는 벤담의 말을 이해할 수 있었어. 아마 이런 생각이 훗날 벤담이 공리주의를 주장하는 데 밑거름이 되었을 거야.

"그럼, 벤담 너는 고통의 반대말이 뭐라고 생각하니? 고통이 악이라면 반대로 좋은 것도 있어야 하지 않겠니?"

"저는 쾌락이라고 생각해요."

벤담이 베컴 아저씨에게 존댓말로 대답했어.

"쾌락?"

"예. 저는 사람이 착한 일을 하면 쾌락이 나오고, 잘못된 일을 하면 고통이 나온다고 생각해요. 사냥을 하면 동물들이 고통을 받기 때문에 저는 사냥이 잘못된 일이라고 생각하는 거죠."

"음, 네 말이 맞구나."

"제가 옥스퍼드대학교에 들어온 것은, 이상한 영국의 법을 고치고 싶어서였어요. 말도 안 되는 영국의 법을 고쳐서 많은 사람들에게 쾌락을 주는 법과 도덕을 만들고 싶어요."

"그래, 아저씨가 장담하는데 넌 꼭 그렇게 될 거야."

"네, 그걸 아저씨가 어떻게 아세요?"

"음……. 그건 다 아는 방법이 있어. 아무튼 꼭 훌륭한 법학자이자 철학자가 될 거야."

그렇게 해서 우리는 벤담의 말대로 사냥 대회를 포기했어. 상금도 좋지만, 우리만 즐거움을 누리자고 동물들에게 고통을 줄 수는 없잖아? 그건 공공의 행복을 위하는 일이 아니니까 말이야.

학교에서 도덕을 배우는 이유

벤담은 집으로 돌아가고 우리는 또다시 잔디밭에 앉았어. 나와 해리는 벤담이 보기보다는 착한 아이 같다는 얘기를 주고받고 있었지.

나는 벤담이 나중에 어떻게 자랄지 굉장히 궁금해졌어.

"그런데 아저씨! 벤담은 나중에 자신의 생각을 어떻게 사람들에게 알리죠?"

"바로 교육을 통해서야."

"교육이요? 벤담은 도덕을 사람들에게 가르쳐야 된다고 믿었어. 대학교뿐 아니라 모든 학교에서 의무적으로 학생들에게 도덕을 가르쳐야 한다고 생각한 거야."

"그래서 우리가 학교에서 도덕이라는 과목을 배우는 거군요?"

"그래. 물론 벤담의 영향이 있겠지. 벤담만큼 교육의 중요성을 강조한 사람은 없어. 벤담은 교육 중에서도 도덕 교육을 가장 중요하게 생각했지. 도덕 교육이 잘된 사회일수록 좋은 사회, 즉 공공의 행복이 이뤄지는 사회라고 본 거야."

"그런데 학교에서 교육을 한다고 해서 사람들이 모두 행복해질까요?"

"아저씨가 예를 들어 설명해 주마. 혜리 너는 심부름을 굉장히 싫어하지?"

"무슨 말씀이세요? 저 심부름은 잘하는 편이에요."

"내가 유리에게 들어서 다 알고 있는데 뭘? 만약에 학교에서 선생님이 재활용 쓰레기를 분리하는 심부름을 시킨다면 어떻게 하겠니? 아마 이 세 가지 행동 중에서 하나를 선택하겠지. 첫 번째 심부름을 한다. 두 번째 심부름을 하지 않는다. 세 번째 하기는 싫지만 선생님이 시키신 일이기 때문에 한다. 아마 평범한 학생이라면 세 번째를 선택할 거야. 그렇지 않니?"

"맞아요. 저라도 세 번째를 선택할 거예요."

해리가 나 대신 대답했어.

"이게 바로 도덕 교육의 힘이란다. 헤리 네가 세 번째를 선택한다면 아마도 너는 조금 고통스럽겠지만 반 친구들과 선생님은 행복해질 거야. 이게 바로 벤담이 강조한 공공의 이익을 추구하는 일이야. 벤담은 이런 식으로 사람들이 자신의 고통과 쾌락을 조금씩 양보하면 공공의 이익을 얻을 수 있다고 말한 거지. 그리고 그런 양보야말로 도덕 교육에서 배우는 거라고 생각했어. 만약 헤리 네가 도덕 시간에 양보라는 것을 배우지 않았다면 심부름을 끝까지 하지 않았겠지? 이제 벤담이 교육의 중요성을 강조한 이유를 알겠니?"

"네. 그럼 사람들이 도덕을 배우지 않았다면 어떻게 됐을까요?"

"아마도 사람들이 공공의 이익을 생각하지 않고 서로 자신의 이익만 얻으려고 해서 큰 싸움이 벌어졌겠지. 지금처럼 말이야."

"지금요?"

"그래, 영국 역사를 살펴보면 지금 1700년대 후반의 산업 혁명 때처럼 영국 사회에 범죄가 많았던 적이 없었단다.

공장주들은 자신의 이익만을 중요하게 생각해서 해리처럼 어린아이들을 마구 부려 먹고 있잖니."

"맞아요. 그리고 공장에서 일하면서 본 건데, 공장주들이 공장에서 나오는 쓰레기를 제대로 처리하지 않고 마구 버려서 공장 주변에 사는 사람들이 얼마나 불편을 겪었는지 몰라요."

"그래, 그리고 산업 혁명 시기의 영국에서는 이런 일도 있었단다."

"어떤 일이요?"

"공장주들이 돈을 많이 벌기 위해서 공장을 쉬지 않고 가동했지. 그러다 보니 공장에서 일하는 노동자들도 많이 힘들었지만 또 하나 큰 문제가 생겼어."

"어떤 문제요?"

"공장 하면 제일 먼저 뭐가 생각나니?"

"음……. 굴뚝이요!"

"그렇지, 공장 굴뚝에서는 건강에 해로운 연기가 나오지. 그런데 공장주는 돈 벌기에 급급해서 매연을 제대로 정화하지도 않고 무작정 내보내고, 급기야는 매연 때문에 많은 사람들이 죽는 일까지 벌어지고 말았어."

"매연 때문에 사람이 죽었다고요?"

"그래. 그러니까 해리, 너도 조심해야 해."

물론 공기가 좋지 않기는 서울도 마찬가지지만 런던에서는 사람이 죽기까지 하다니 난 정말 놀라지 않을 수가 없었어.

네 생각은 어때?

영국 공리주의자들 대부분은 최대 다수의 최대 행복이라는 말을 기초로 삼아 자신들의 사상을 설명했어요. 벤담 역시 이 말을 기초로 삼아 자신의 도덕 이론을 주장했습니다. 벤담이 말한 최대 다수의 최대 행복에 대해 이야기해 보세요.

▶풀이는 207쪽에

철학자의 생각

벤담의 쾌락 계산법

쾌락이나 고통을 계산할 수 있을까?

벤담은 쾌락을 수학으로 계산할 수 있다고 보았습니다. 여러분은 이 말에 대해서 어떻게 생각하세요? 쾌락이나 고통을 계산할 수 있을까요?

지금부터 벤담이 이야기하는 쾌락 계산법에 대해서 알아볼게요. 우리가 사는 목적이 무엇일까요? 만약 행복을 추구하는 것이 목적이라면, 고통을 피하고 최대로 쾌락을 누릴 수 있다면, 사람의 삶은 행복해질 수 있습니다. 그래서 벤담은 인생의 목적을 최대 다수의 최대 행복의 실현이라고 했죠. 벤담은 이것을 도덕과 법을 정하는 기본 원리로 삼자고 했고, 이것이야말로 공공의 이익이나 행복을 추구하는 공리주의의 기본 원리라고 믿었죠.

쾌락이 많으면 행복도 많아지고, 쾌락이 적으면 행복도 적어지겠죠. 그리고 고통이 많으면 불행도 많아지고, 고통이 적으면 불행도 적어지겠죠. 벤담의 이 말은 쾌락은 사람의 행복을 더해 주고, 고통은 반대로 행복을 빼 준다는 이야기가 되죠.

한 사람이 어떤 행동을 했을 때, 그 사람은 쾌락이나 고통을 분명히 느낄 것입니다. 그다음 그 사람이 똑같은 행동을 했을 때, 느끼는 쾌락이나 고통은 지난번에 느낀 것과 같을까요, 다를까요? 그리고 그 사람은 그 전에 느낀 쾌락이나 고통보다 더 많은 쾌락을 원할까요? 아니면 더 적은 쾌락을 원할까요? 더 많은 고통을 원할까요? 더 적은 고통을 원할까요?

물론 사람마다 다를 것입니다.

쾌락과 고통의 양을 비교하다

그러나 벤담은 사람들이 두 번째 행동을 할 때는, 다음 일곱 가지 법칙에 따라 행동할 것이라고 보았죠.

1. 쾌락이 얼마나 강한가?
2. 쾌락이 얼마나 오래가는가?

3. 쾌락이 얼마나 확실한가? 불확실한가?

4. 쾌락이 얼마나 가까운 곳에 있는가? 먼 곳에 있는가?

5. 쾌락은 또 다른 쾌락을 낳는가?

6. 고통이 전혀 없는 쾌락이 있는가?

7. 쾌락이 많은 사람에게 영향을 주는가?

그렇다면 위의 일곱 가지로 어떻게 쾌락을 계산할 수 있을까요? 어떤 사람이 어떤 행동을 했을 때, 그 사람은 쾌락과 고통을 동시에 갖는다고 했습니다. 그렇다면 그 사람이 갖는 쾌락의 전체와 고통의 전체가 있을 것입니다. 벤담은 바로 이 쾌락의 전체 양과 고통의 전체 양을 비교했습니다. 이 두 양을 서로 빼서 많은 쪽이 그 사람이 느끼는 쾌락이나 고통이 되는 것이죠.

두 양을 서로 빼서 쾌락이 많으면, 그 사람의 행동은 쾌락, 즉 좋은 행동이고 옳은 행동이며 행복을 느낄 수 있는 것이죠. 그러나 고통이 많으면, 그 사람의 행동은 옳지 못한 행동이고 불행이며 행복을 느낄 수 없는 것입니다.

즐거운 독서 퀴즈

1 다음은 벤담의 철학에 대한 내용이에요. (   ) 안에 알맞은 낱말을 써 보세요.

> 벤담은 착한 일을 하면 (❶   )이 나오고, 잘못된 일을 하면 (❷   )이 나온다고 생각했어요. 사냥을 하면 동물들이 (❷   )을 받기 때문에 사냥이 잘못된 일이라고 생각했어요. 그는 말도 안 되는 영국의 법을 고쳐서 많은 사람들에게 (❶   )을 주는 법과 도덕을 만들고 싶다고 했어요.

정답

❷ 고통
❶ 행복

2 다음은 어떤 것에 대한 벤담의 생각을 설명한 글이에요. 무엇을 설명한 것일까요? (   )

- 벤담은 이 교육 통해서 자신의 생각을 사람들에게 알릴 수 있다고 믿었어요. 모든 학교에서 의무적으로 가르쳐야 한다고 생각했죠.
- 벤담은 교육 중에서도 이 교육을 가장 중요하게 생각했어요. 이 교육이 잘된 사회일수록 좋은 사회, 즉 공공의 행복이 이뤄지는 사회라고 본 거예요.

❶ 사회   ❷ 도덕   ❸ 역사   ❹ 과학

정답

❷ 도덕

3 다음 중 도덕 교육을 통해 이루어질 수 있는 일을 모두 골라 보세요. (   )

❶ 선생님이 재활용 쓰레기를 분리하라고 심부름을 시켰을 때 하기 싫지만 반 친구들을 위해서 한다.
❷ 사람들이 공공의 이익을 위해서 자신의 고통과 쾌락을 조금씩 양보한다.
❸ 공장주들이 자신의 이익을 위해서 어린아이들을 마구 부려 먹는다.
❹ 공장주들이 공장에서 나오는 쓰레기를 제대로 처리하지 않고 마구 버린다.
❺ 공장주들이 돈 벌기에 급급해서 매연을 제대로 정화하지 않고 무작정 내보낸다.

정답

❶ 선생님이 재활용 쓰레기를 분리하라고 심부름을 시켰을 때 하기 싫지만 반 친구들을 위해서 한다.
❷ 사람들이 공공의 이익을 위해서 자신의 고통과 쾌락을 조금씩 양보한다.

모든 개인은 쾌락을 추구하기 위한
의무가 있다.

-제러미 벤담

5
쾌락이란 뭘까?

아저씨는 마음속으로 생각하고 있던 결심을 얘기하고
우리는 벤담을 기다리지만 벤담은 오지 않아.
어떻게 된 걸까?

아저씨의 포부

　우리는 어느덧 해가 지기 시작한 영국의 하늘을 바라보고 있었어. 유리 언니는 지금쯤 뭘 하고 있을까? 내가 갑자기 사라져서 너무 놀라지는 않았을까? 우리 반 아이들은 내 걱정을 하고 있을까? 혹시 심술쟁이 장군이가 내가 없다고 아이들을 괴롭히지는 않겠지?

　해가 지는 시간에는 사람이 우울해진다던데 나도 우울한 생각이 들었어. 집에 돌아갈 수는 있는 걸까? 해리가 말한 그 마차를 탄다면 확실히 돌아갈 수 있겠지. 도대체 아저씨는 집에 돌아갈 생각은 하고 있는 걸까 잘 모르겠어.

　나는 정말 불안해졌어. 아저씨는 집에 돌아갈 생각을 하고 있기는 한 걸까?

나는 해리가 잠깐 졸고 있는 틈을 타 아저씨에게 물어봤어.

"아저씨, 우리 집에 돌아갈 수 있는 거죠?"

"그럼."

"어떻게요?"

"해리가 노팅엄으로 가는 마차를 타면 4차원 세계의 입구로 갈 수 있다고 하지 않았니?"

"그럼 우리가 그 마차를 찾아야 하잖아요? 만약에 그 마차를 찾지 못하면요?"

"걱정하지 마, 혜리야. 우리는 집으로 돌아갈 수 있을 거야. 아저씨가 서두르지 않는 건 다만 아저씨가 여기에서 해야 할 일이 있기 때문이야."

"벤담을 만나는 거요? 우린 이미 벤담을 만났잖아요. 게다가 벤담은 너무 어려서 이야기도 많이 듣지 못했는걸요?"

"혜리야. 아저씨가 벤담을 만나려는 이유가 뭐였다고 생각하니?"

"음, 벤담의 생각이 궁금하고, 직접 만나서 이야기를 듣고 싶어서요."

"그것도 중요하지만, 더 중요한 일이 있단다."

"그게 뭔데요?"

"내 직업이 뭐지?"

"사회복지사요."

"그래, 나는 사회복지사야. 다른 사람이 아닌 바로 이 사회복지사 나건아가 이 시대로 오게 된 건 분명 하늘의 뜻이라고 믿어. 공공의 행복을 위해서 법과 제도를 고쳐야 한다는 벤담만큼은 아니더라도, 아저씨는 여기 사람들을 도와주고 싶어."

"어떻게요?"

"그건 앞으로 좀 더 생각해 봐야 알겠지만, 아무튼 최소한 해리 같은 어린아이가 공장에서 힘들게 일하는 것만은 막고 싶은 게 아저씨의 마음이란다."

처음에 내가 해리를 도와주자고 얘기할 때는 겁나서 피하던 아저씨가 이런 말을 할 줄이야. 나는 베컴 아저씨를 잠시 쳐다봤어.

"역시, 너도 내 말에 감동했구나? 내가 누구냐. 행복2동의 얼짱 사회복지사 나건아 아니냐!"

역시 아저씨의 잘난 척은 변하지 않았어.

사랑도 쾌락이다

 다음 날, 나와 해리는 벤담을 찾으러 도서관에 갔지만 벤담은 연구할 것이 있다며 우리를 만나 주지 않았어. 벤담은 또 두꺼운 수학책을 읽고 있었어. 우리는 벤담에게 말도 걸어 보지 못하고 아저씨에게 돌아갔어.

 "재미있지도 않은 수학 공부를 왜 그렇게 열심히 하는지 모르겠어요."

 아저씨는 입가에 희미한 웃음을 머금고 조용히 말했어.

 "너희들, 전에 벤담이 도넛 가게에서 『수학의 원리』라는 책을 읽고 있었던 것 기억하니?"

 "음, 네. 책 제목은 기억나지 않지만 수학책을 보고 있었던 건 기억해요."

"으하하! 우리는 곧 벤담의 유명한 이론 하나를 만나게 될 거야."

"그게 뭔데요?"

우리는 동시에 외쳤어. 하지만 아저씨는 우리에게 아무런 말도 해 주지 않고 벤담을 찾아 도서관 쪽으로 향했어.

우리는 아저씨를 따라 들어갔지. 창가에 앉아 책을 읽고 있던 벤담은 귀찮다는 듯 신경질을 냈어.

"뭐예요, 또?"

"벤담, 너 쾌락 계산법을 연구하고 있지?"

쾌락 계산법?

"그걸 어떻게 알았어요? 아저씨, 혹시 사람 마음을 꿰뚫어 보는 마술사인가요?"

내가 그렇게 정체를 들키면 안 된다고 주의를 주었건만 아저씨는 또 실수를 하고 말았어.

"아, 아니 그냥 여기 네 노트에 쓰여 있는 걸 보고……."

벤담은 황급히 자신의 노트를 가렸어.

"왜 남의 것을 훔쳐봐요?"

'정확히 말하면 네 것을 훔쳐본 게 아니야, 벤담. 너의 미

래를 알고 있을 뿐이지.'

나는 이 말을 해 주고 싶어서 목구멍이 간지러웠어.

"아, 미안. 그냥 나도 거기에 관심이 좀 있거든."

"아저씨가요?"

"응. 나도 쾌락의 양을 계산할 수 있다고 믿는 쪽이거든."

쾌락의 양을 계산할 수 있다고? 그게 무슨 말일까? 쾌락은 사람이 느끼는 행복이나 기쁨 같은 감정을 말하는 건데, 그 양을 계산할 수 있다고?

"제가 그렇게 생각하고 있는 건 사실이지만, 아직은 연구가 다 끝나지 않았어요. 만약에 공식이 완성된다면 그때 아저씨와 얘기해 보고 싶네요."

"그래, 그래 주기만 한다면 나도 참 영광이겠구나. 꼭 그 공식을 알려 주기 바란다."

우리는 아저씨를 따라 도서관을 나왔어.

"아저씨, 그게 무슨 말이에요? 쾌락의 양을 계산할 수 있다니요?"

"말 그대로야. 벤담은 공리주의를 주장하고 이어서 쾌락을 계산할 수 있다고 주장했단다."

"어떻게요?"

"그건 나중에 벤담의 연구가 끝나고 벤담에게 직접 듣는 게 좋을 것 같구나. 아까 잠깐 보니 공식이 거의 다 만들어진 것 같았어."

"그래도, 미리 알려 주세요. 어떻게 쾌락을 계산할 수 있다는 거예요."

"사실은……."

우리는 아저씨의 다음 말을 기다렸어.

"사실은 나도 잘 몰라. 대학교 때 배우기는 했는데, 아마 그 시간에 졸았나 봐."

엥? 그럼 그렇지. 잘난척쟁이 아저씨가 우리를 가르치는 기회를 마다할 리가 없다고.

어쩔 수 없이 우리는 벤담의 연구가 끝나기를 기다리기로 했어.

"그런데 아저씨, 벤담이 말한 공리주의와 그 쾌락 계산법이 도대체 무슨 관계가 있는 거예요? 무슨 관계가 있으니까 벤담이 그렇게 열심히 연구하는 거겠죠."

"음, 그 정도는 말해 줄 수 있어."

베컴 아저씨가 자신감을 되찾았어.

"공공의 행복을 위한 일을 할 때는 이 쾌락 계산법이 판단하는 데 중요한 기준이 될 수 있거든."

"어떻게요?"

"음, 혜리의 반 친구들을 예로 들어 볼까? 소풍을 어디로 가야 하는지 아이들이 서로 의견을 내고 있다고 생각해 봐. 친구들 중 딱 절반은 박물관으로 가자고 하고, 나머지 반은 어떤 가수의 콘서트를 보러 가자고 하고 있어. 그럼 이럴 때는 어떻게 해야 할까?"

"음, 딱 절반씩이니 다수결로도 결정할 수 없겠네요. 정말 어쩌면 좋죠?"

"그럴 때 최대한 많은 사람들이 행복을 누릴 수 있도록 쾌락 계산법을 이용하는 거야. 여기에 대해서는 아저씨도 정확한 공식을 모르니 나중에 듣기로 하고, 우선 쾌락에 대해서 알아야겠다."

"아까 쉬운 말로 쾌락을 기쁨이라고 했는데, 벤담은 쾌락에도 종류가 있다고 했어. 혜리는 어떤 일에서 쾌락을 느끼니?"

"음, 저는, 시험에서 일등을 하면 쾌락을 느껴요. 특히 우리 반 부회장인 장군이를 이겼을 때요."

"음, 그것도 쾌락일 수 있겠다. 그럼 해리는?"

"저는 돈을 많이 벌 때요. 그것도 쾌락이 될 수 있지 않을까요?"

"그래. 그것도 쾌락이지. 그런데 그런 단순한 쾌락 말고 다른 쾌락도 있어. 예를 들면 은혜의 쾌락이지."

"은혜의 쾌락이요?"

"그래, 버스나 지하철을 탔는데 몸이 불편한 할머니가 서 계셔서 자리를 양보해 드린 경험이 있지?"

"네, 그럼요."

나는 자신 있게 대답했지만 해리는 우물쭈물하며 대답하지 못했어. 착한 해리가 그런 경험이 없을 리가 없는데? 난 이상하게 생각되어서 해리를 말똥말똥 쳐다보았어.

"아저씨, 버스는 뭐고 지하철은 뭔가요?"

맞다! 해리는 1700년대의 영국 사람이지! 해리와 하도 말이 잘 통해서 그런 걸 느낄 틈도 없었네.

"아이코! 해리 생각을 못 했구나. 해리는 다른 사람을 도와준 적이 많지? 하그리브스 씨 일도 그렇고 말이야."

"네. 방직 공장에 저보다 어린아이들이 많아서 그 애들이 할 일을 제가 대신 해 준 적도 있어요."

"그래, 그때 기분이 어땠니?"

"제 스스로 자랑스럽고 뿌듯했어요."

"그래, 그게 바로 은혜의 쾌락이라는 거란다. 남들에게 어떤 조건 없이 마냥 베풀어 줌으로써 느낄 수 있는 쾌락이지."

"그럼 사랑을 하면서도 쾌락을 얻을 수 있겠네요?"

"그렇지, 내가 유리를 좋아하는 것처럼……. 아, 그게 아니라……."

베컴 아저씨는 얼굴이 새빨개지면서 말을 더듬었어. 해리는 아무것도 모르고 눈만 동그랗게 뜨고 있었지. 그런데 나는 이상하게 화가 나지 않았어. 오히려 유리 언니도 베컴 아저씨를 좋아해 주었으면 하는 생각이 들었으니까. 이것도 쾌락인 걸까?

"그런데 이 사랑의 쾌락은 사람에게만 있는 게 아니라, 동물이나 사회에까지 해당하는 쾌락이야. 동물을 사랑한다거나, 내가 소속되어 있는 단체를 사랑하는 것도 모두 사랑의 쾌락이야."

"그런 것도 쾌락이 될 수 있는지는 몰랐어요. 저는 좋은 물건을 선물받을 때나 쾌락이 생기는 줄 알았는데."

"그럼 쾌락에 대해서 배웠으니 이제 고통에 대해서도 배

워야겠지? 쾌락의 반대는 고통이니까. 고통에는 어떤 것들이 있을까?"

"저는 배고픔의 고통이 가장 큰 것 같아요. 공장에서 간식을 나누어 주는데 늦게 가거나 일을 열심히 하지 않으면 간식을 먹을 수 없거든요. 그러면 하루 종일 굶게 되는데 저한테는 그게 가장 큰 고통이었어요."

나는 아무 말도 할 수가 없었어. 나는 부모님은 안 계시지만 언니가 열심히 일해서 번 돈으로 사 주는 음식을 먹고, 또 나라에서 주는 보조금으로 맛있는 것도 사 먹을 수 있으니까. 해리가 밥을 굶는 고통에 비하면 내가 겪는 고통은 아무것도 아니라는 생각이 들었어.

베컴 아저씨는 말을 꺼냈어.

"그래, 정말 많이 힘들었겠구나, 해리. 그런데 이런 고통도 있어. 다른 사람을 사랑하는 고통 말이지."

"아까 아저씨가 다른 사람을 사랑하는 것은 쾌락이라고 하셨잖아요?"

"그런데 사랑은 쾌락이 될 수도, 또 고통이 될 수도 있단다. 예를 들어 내가 사랑하는 사람이 나를 사랑하고 있지 않다면 그건 얼마나 큰 고통이겠니?"

"그렇다면 쾌락과 고통이 같이 있을 수도 있겠네요?"

"맞아. 벤담은 쾌락과 고통은 항상 함께 있다고 생각했어. 그래서 쾌락 계산법이 필요하다고 생각한 거야. 벤담의 쾌락 계산법에 따르면, 어떤 행동을 할 때 그 행동이 가져올 결과가 쾌락이 큰가, 고통이 큰가를 계산해서 판단할 수가 있지."

"그럼 이제 어떻게 계산하는지 벤담에게 듣기만 하면 되겠네요?"

"그렇지."

우리는 벤담이 좋아하는 도넛 가게에 앉아서 벤담을 기다렸어. 벤담이 그렇게 열심히 연구한 게 뭔지 궁금했거든. 그런데 하루 종일 기다려도 벤담은 오지 않았어.

"벤담이 아직 연구를 끝내지 못했나 봐요."

나는 아저씨의 어두운 얼굴을 보면서 얘기했어. 돌아갈 날이 얼마 남지 않았는데 아저씨는 벤담에게 직접 듣고 싶은 이야기가 많았거든.

"그래. 아직 공부가 끝나지 않았나 보다. 이 가게가 문 닫을 때까지만 기다려 보자."

그런데 밤이 깊어도 벤담은 오지 않았어. 우리는 숙소로 가기 위해서 일어났어. 그때 도넛 가게 안으로 뛰어 들어오는 사람이 있었어.

"잠깐만요! 혹시 여기에 해리 포터 님 계십니까?"

"전데요."

해리가 대답했어.

"다행이네요. 전 제러미 도련님 집에서 일하는 사람입니다. 도련님이 여러분들께 전해 달라며 제게 주신 편지입니다."

"네? 그럼 벤담은요? 벤담에게 무슨 일이 있나요?"

"네. 그것이……. 제러미 도련님이 몸이 좀 아프셔서……. 원래 허약한 체질인데 최근에 공부를 한다고 무리를 하신 모양입니다. 아픈 와중에도 여러분을 만나러 가야 한다고

네 생각은 어때?

우리는 쾌락을 쉬운 말로 기쁨이라고 해요. 벤담은 쾌락에도 여러 종류가 있다고 했어요. 베컴 아저씨와 아이들의 대화를 잘 생각해 보고 쾌락을 어떤 종류로 나눌 수 있는지 예를 들어 설명해 보세요.

▶풀이는 208쪽에

어찌나 떼를 쓰시던지……. 온 가족이 도련님을 말리느라고 혼났습니다. 그래서 제가 이렇게 편지를 전해 주러 온 거고요."

겉으로는 차갑고 신경질적인 벤담이지만 우리와의 약속을 지키기 위해 아픈데도 불구하고 편지를 쓴 거였어. 벤담이 좀 나아지면 우리는 병문안을 가기로 하고 서둘러 편지를 읽어 봤어.

벤담의 편지

베컴 아저씨와 친구들에게.

아직도 그곳에서 기다릴지도 모른다고 생각되어서 이렇게 편지를 씁니다. 아저씨와의 약속을 못 지켜서 정말 미안해요. 제가 연구한 것을 아저씨께 직접 설명해 드리고 싶었는데…….

아저씨도 쾌락을 수학적으로 계산할 수 있다고 생각하신다고 했죠? 저도 그렇게 생각합니다. 제가 만들어 낸 이 계산법은 정확하다고 말할 수는 없지만 앞으로 두루 쓰일 수 있었으면 좋겠어요.

제가 만든 공식은 이거예요.

사람 수×유용성＝개인이 느끼는 쾌락의 양

바로 이 공식으로 쾌락의 양을 계산하는 것입니다.

해리가 여기까지 읽어 주었을 때 나는 궁금한 점이 생겼어.
"아저씨, 유용성이 뭐예요?"
"더 읽어 보자꾸나. 벤담이 우리를 위해서 유용성이 뭔지 써 놓았을 거야."

비교적 간단하다고 말할 수 있죠? 이 공식은 얼핏 보면 쉽고 단순해 보이지만, 이 계산법으로 여러 가지 일을 판단할 수 있어요.
제가 사는 마을에 지난달에 다리를 놓았습니다. 다리를 놓을 때를 예로 들어 볼게요. 우리 마을에서 숲이 있는 마을로 가려면 내를 건너야 해요. 그러면 다리가 필요하겠죠? 그런데 다리를 놓는 위치 때문에 싸움이 벌어졌어요. 다리를 교회 앞에 놓을지, 학교 앞에 놓을지 말이에요.
교회에서 다리를 자주 이용하는 사람은 목사님 두 분이에요. 그리고 학교에 다니는 아이들은 오십 명이에요. 그러면 여러분은 당연히 학교 앞에 다리를 놓아야 한다고 생각하겠죠?

그런데 우리 마을에서는 다리를 교회 앞에 놓았습니다. 왜 그랬을까요? 그 이유가 궁금하시죠? 바로 유용성 때문이에요.

유용성은 쉽게 말해 '누가 더 잘 쓸 수 있는지'를 말하는 겁니다. 목사님 두 분은 부모가 없는 어린아이들을 돌보고 계시기 때문에 숲이 있는 마을로 자주 건너가셔야 합니다. 그런데 학교에 다니는 아이들은 거의 다 우리 마을에 살기 때문에 다리를 사용할 일이 거의 없어요. 목사님이 다리를 건너야 할 일이 백 번이라면 아이들은 채 두 번도 되지 않아요. 그렇다면 다리를 놓았을 때 다리를 누가 더 많이 사용할까요?

당연히 목사님 두 분이겠죠. 그래서 우리 마을은 다리를 교회 앞에 놓았어요. 저는 이 일을 보고 수학적으로 계산할 수 있다면 얼마나 좋을까 생각했어요. 그렇다면 앞으로 이런 일이 있을 때마다 쉽게 해결할 수 있을 테니까요. 그래서 이런 공식이 나온 겁니다.

앞에서 예를 든 것을 공식으로 설명하자면 이렇게 되겠죠.

사람 수(목사님 두 분)×100=200

사람 수(학생 50명)×2=100

그러면 목사님 쪽 쾌락의 양이 더 크죠? 그래서 다리를 교회 앞에 놓기로 결정했습니다.

여기까지가 제가 연구한 쾌락 계산법입니다. 아저씨가 생각하신 것과 어떻게 다른지, 같은지 궁금하네요.

제가 몸이 다 나으면 학교로 돌아가서 얘기를 나누고 싶습니다. 그때까지 모두 안녕히 계시길.

제러미 벤담

추신: 벌써 학교 앞 도넛 가게의 도넛이 먹고 싶네요.

벤담의 편지는 여기까지였어. 나는 집중해서 들었는데도 잘 이해할 수가 없었어. 아저씨에게 설명을 들어야 했지.

"아저씨, 아저씨는 무슨 말인지 이해하셨죠? 저는 무슨 말인지 잘 모르겠어요. 아저씨가 자세히 좀 설명해 주세요."

"음, 아까 혜리네 반 친구들을 예로 들어 설명한 게 있었지?"

"아, 소풍 가는 장소요?"

"응. 반 친구들의 절반은 박물관으로 가고 싶어 하고, 나머지 반은 콘서트장으로 가고 싶어 한다면 결정을 내리기가 쉽지 않아. 절반씩이니 다수결로 결정할 수도 없고. 이럴 때 벤담이 연구한 쾌락 계산법을 쓴다면 좋을 거야."

"어떻게요?"

"혜리야, 너 같으면 박물관에서 즐겁게 놀겠니, 콘서트장에서 더 즐겁게 놀겠니?"

"음, 그거야 아이들마다 다르겠지만 아무래도 박물관보단 콘서트장 쪽이 더 즐겁게 놀 수 있겠죠. 박물관이야 재미있는 곳이라기보다는 뭔가를 배우러 가는 곳이니까요."

"아무래도 그렇겠지? 그리고 박물관은 다른 날에도 부모님과 같이 갈 수 있지만, 콘서트장에 친구들과 같이 갈 기회는 흔치 않을 거야. 이럴 때 쾌락 계산법을 이용하는 거지."

"그럼 콘서트장으로 결정하는 것이 공공의 쾌락을 위한 일이라는 거군요?"

"그렇지, 지금은 내가 너희들의 이해를 돕기 위해서 이런 예를 들었지만 생각해 보면 이런 계산법을 사용할 수 있는 곳은 많아. 버스 정류장을 만든다든지, 지하철역을 만든다든지 하는 결정을 할 때마다 최대한 많은 쾌락을 얻을 수 있는 곳에 세우는 거지."

"아……."

"산업 혁명이 일어났던 시대에는 나라에서 해야 하는 공공 부문의 일이 참 많았어. 그때마다 결정하는 일이 쉽지만은 않았겠지. 그래서 벤담이 이런 방법을 연구해 낸 거라고 생각해."

"결국 벤담은 어떻게 하면 사람들이 좀 더 많은 행복을 누릴 수 있을까 생각하며 이 계산법을 만든 거네요."

"그렇지. 그런데 이 계산법에는 단점도 있어."

"단점이요?"

나는 놀라서 물었어.

"해리, 이 계산법의 단점이 뭔지 알겠니?"

"음……. 알 것도 같아요."

"그게 뭔데?"

내가 모르는 것을 해리가 알다니 나는 조금 샘이 나기도 했어.

"문제는…… 그 유용성이라는 것을 정확하게 알 수 없다는 거예요. 맞나요?"

"그래, 맞았어. 벤담은 쾌락을 계산할 때 사람 수에다 유

용성을 곱하면 된다고 했는데 사람 수는 정확히 알 수 있지만 유용성은 숫자로 정확히 표현할 수가 없지. 그건 사람마다 다르니까 말이야. 콘서트장에 가고 싶은 학생은 스무 명이야. 그런데 각 개인이 가서 얼마나 즐겁게 놀 수 있는지를 숫자로 표현할 수 있겠니, 혜리야?"

"아뇨. 그건 사람의 감정이니까 숫자로 표현하기는 어렵죠."

"그래. 벤담의 쾌락 계산법에는 이런 허점이 있단다. 하지만 나중에 밀이라는 사람이 벤담의 쾌락을 측정하는 방법을 연구해서 더 나은 방법을 만들어 내게 되지."

"밀이요?"

네 생각은 어때?

A라는 동네와 B라는 동네 중 한 곳에 버스 정류장을 설치하려고 해요. A 동네의 인구는 100명이며 그중 50명의 사람들이 한 달에 두 번 버스를 이용하고 있어요. B 동네의 인구는 20명이며 그중 10명의 사람들이 한 달에 스무 번 버스를 이용하고 있어요. 그렇다면 어느 동네에 버스 정류장을 설치해야 할까요?　▶풀이는 209쪽에

벤담과 밀
(양적 공리주의와 질적 공리주의)

"밀은 쾌락을 양으로만 따질 게 아니라 질로도 따져야 한다고 주장했어. 벤담은 쾌락에는 여러 종류가 있다고 했지만 우선순위를 두지는 않았어. 잠을 자서 얻는 쾌락과, 책을 한 권 썼을 때 얻는 쾌락의 질이 같다고 생각했지. 너희는 어떻게 생각하니?"

나는 내가 나설 때라고 생각했어. 해리만 이해한 게 아니라 나도 제대로 이해했다는 걸 보여 주고 싶었지.

"아저씨 말을 듣고 보니까 좀 이상한 것 같아요. 저는 책을 써 본 적은 없지만, 학교에서 독서 감상문을 잘 써서 선생님께 칭찬을 받고 느끼는 쾌락과 낮잠을 달콤하게 자고

 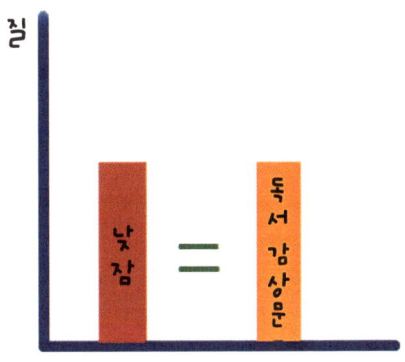

 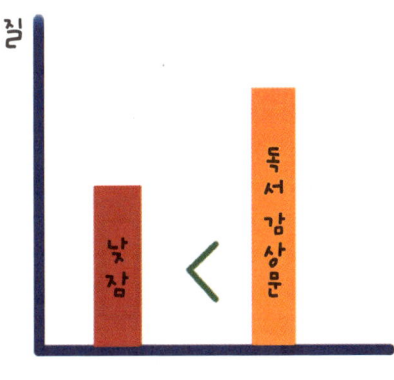

얻는 쾌락은 좀 다른 것 같아요."

"어떻게 다르다고 생각하는데?"

"뭐랄까? 독서 감상문을 써서 얻는 쾌락이 좀 더 수준 높게 느껴져요."

"그래. 밀은 바로 그걸 주장한 거야. 쾌락에도 등급이 있다고 주장했지. 감각으로 느낄 수 있는 쾌락, 즉 먹거나 자는 데서 얻는 쾌락보다는 정신적인 쾌락이 더 수준이 높다고 말했어. 그리고 인간은 항상 더 높은 수준의 쾌락을 원할 거라고 했지."

"저는 무엇보다 맛있는 걸 먹고 느끼는 쾌락이 제일 좋던데요?"

해리는 볼멘소리로 대꾸했어. 나와 아저씨는 해리를 미처 생각하지 못한 게 너무 미안해서 어색하게 웃고 말았어.

> 철학자의 생각

양적 쾌락과 질적 쾌락

쾌락의 양을 이야기한 벤담

 벤담은 최대 다수의 최대 행복이란 기준으로 가장 많은 사람들에게 가장 많은 행복이 돌아갈 수 있도록 도덕과 법을 정리하고자 했습니다. 그리고 쾌락 계산법으로 사람들에게 최대한 쾌락을 느낄 수 있도록 했습니다. 그런데 영국 사람들은 이러한 벤담의 쾌락 계산법에 약간의 의심을 품었습니다. 하지만 벤담의 이런 생각을 논리적으로 반대할 아무런 근거를 찾지 못했습니다. 벤담은 쾌락이 많으면 많을수록 좋은 쾌락도 많다고 했습니다. 정말로 쾌락이 많으면 좋은 쾌락일까요?

 여러분은 질적인 쾌락에 대해서 생각해 봤나요? 벤담은 양적인 쾌락만 이야기했지, 질적인 쾌락은 말하지 않았습니다.

쾌락의 질을 이야기한 밀

　이러한 벤담의 양적인 쾌락에 반대 입장을 말한 영국의 철학자는 존 스튜어트 밀입니다. 밀은 증명할 수는 없지만, 양적인 쾌락보다는 질적인 쾌락이 더 중요하다고 생각했습니다.

　그럼 어떤 쾌락이 질적으로 더 좋은 것일까요? 밀은 여기서 경험이 중요하다고 주장합니다. 사람들은 여러 가지 쾌락을 느끼면서 행복을 추구합니다. 이런 여러 가지 쾌락에는 아주 나쁜 쾌락에서부터 아주 행복하고 좋은 쾌락까지 다양하게 있습니다. 그리고 모든 사람은 자신만의 품위와 인격이 있습니다. 어떤 사람이 자신의 품위와 인격에 맞는 쾌락을 경험을 통해서 얻는다면, 그 쾌락은 질 높은 쾌락이라고 할 수 있겠죠. 결론적으로 육체적인 쾌락은 질이 낮은 쾌락이며, 정신적인 쾌락은 질이 높고 고상한 쾌락이라는 것입니다. 정신적인 쾌락이야말로 모든 사람을 오랫동안 행복하게 해 주며, 개인의 행복뿐 아니라 다른 사람의 행복에도 영향을 미치기 때문입니다. 질적인 쾌락의 중요성을 강조한 밀은 유명한 말을 남겼습니다.

　"만족한 돼지보다는 만족하지 못하는 인간이 더 낫고, 만족한 바보보다는 만족하지 못하는 소크라테스가 더 좋다."

즐거운 독서 퀴즈

1 다음 중 벤담이 말한 은혜의 쾌락에 해당되는 것을 모두 골라 보세요. (　　　　　)

❶ 버스에서 몸이 불편한 할머니에게 자리를 양보해 드렸을 때 느낀 쾌락
❷ 시험에서 일등을 했을 때 느끼는 쾌락
❸ 해리가 방직 공장에서 어린아이들이 할 일을 대신 해 주었을 때 느낀 쾌락
❹ 남들에게 어떤 조건 없이 마냥 베풀어 줌으로써 느낄 수 있는 쾌락
❺ 돈을 많이 벌 때 느끼는 쾌락

정답

❶ 버스에서 몸이 불편한 할머니에게 자리를 양보해 드렸을 때 느낀 쾌락
❸ 해리가 방직 공장에서 어린아이들이 할 일을 대신 해 주었을 때 느낀 쾌락
❹ 남들에게 어떤 조건 없이 마냥 베풀어 줌으로써 느낄 수 있는 쾌락

2 다음 글에서 설명하는 용어는 무엇일까요? (　　)

- 사랑을 하면서 얻을 수 있는 쾌락
- 사람에게만 있는 게 아니라, 동물이나 사회에까지 해당되는 쾌락으로 동물을 사랑한다거나, 내가 소속되어 있는 단체를 사랑할 때 느끼는 쾌락

❶ 미움의 쾌락　　　❷ 사랑의 쾌락
❸ 용기의 쾌락　　　❹ 비겁의 쾌락

정답

❷ 사랑의 쾌락

3 벤담은 쾌락을 수학적으로 계산할 수 있다고 생각하며 쾌락 계산법을 만들었어요. 벤담이 만든 다음 공식을 적용해서 (   ) 안에 숫자를 써 보세요.

> 사람 수 × 유용성 = 개인이 느끼는 쾌락의 양
>
> 마을에 다리를 놓아야 하는데 교회 앞에 놓으면 좋을까, 학교 앞에 놓으면 좋을까? 교회에서는 목사님 두 분이 다리를 건너야 할 일이 백 번이라면, 학교에 다니는 50명의 아이들은 다리를 건너야 할 일이 두 번이다.
>
> 목사님 2분 × 100 = (❶   )
> 학생 (❷   )명 × 2 = 100
>
> 목사님과 학생 중 쾌락의 양이 더 큰 쪽은 (❸   )이다.

정답
❶ 200
❷ 50
❸ 목사님

인간은 자신이 행복하면 그 행복을 남에게
나누어 주고 싶어 한다.

- 제러미 벤담

6
진정한 행복을 위하여

드디어 장사 시작! 도넛 장사를 시작한 우리,
하지만 주위의 방해는 계속되는데…….
우리가 장사를 시작한 이유가 궁금하지?

도넛 가게

우리는 벤담이 빨리 낫기를 바라며 선물로 뭘 보낼까 고민하다가 편지에도 쓴 도넛 가게의 도넛을 선물로 주기로 했어. 벤담과 편지로 병문안 갈 날짜를 잡았지. 그런데 벤담의 집은 옥스퍼드에서도 꽤 멀리 떨어져 있는 마을에 있었어. 하루 종일 마차를 타고 가야 하는데 그렇게 간다면 도넛이 상하거나 식어서 맛없어질 게 분명해.

"어쩌죠? 벤담은 이 도넛을 먹고 싶어 하는데……."

"그러게 말이야. 그렇다고 빈손으로 갈 수도 없는 노릇이고."

"그럼 이렇게 하면 어떨까요?"

우리의 아이디어 맨 해리가 좋은 생각이 있는지 파란 눈을 반짝거렸어.

"무슨 좋은 생각이 있니?"

"우리가 벤담의 집에 가서 직접 도넛을 만들어 주는 거예요."

"뭐? 말도 안 돼. 우리는 도넛 만드는 법을 모르잖아."

"배우면 되죠. 우리도 이 도넛 가게에 자주 왔고, 벤담은 여기 단골이잖아요. 아주머니께 잘 얘기하면 가르쳐 주실지도 몰라요."

그렇게 해서 우리는 도넛 만드는 방법을 배우게 되었어. 초콜릿이 들어간 도넛, 딸기잼이 들어간 도넛, 우리가 매일 맛있게 먹던 도넛을 만드는 것은 생각보다 어렵지 않았어.

각자 한 가지씩 일을 나누어서 하니 더 빠르고 재밌게 할 수 있었어. 아저씨는 반죽 만드는 일을, 해리는 도넛 튀기는 일을, 나는 다 튀겨진 도넛에 초콜릿을 바르는 일을 했지.

우리는 벤담이 사는 동네로 갔어. 벤담의 집은 그 동네에서 제일가는 부잣집이래. 하얀 돌로 만들어진 집과 장미꽃이 가득 피어 있는 정원이 참 아름다웠어. 벤담의 부모님은 처음에 나와 아저씨를 보고 좀 이상하게 생각하시는 것 같

앉지만, 같이 공부하는 옥스퍼드대학교 학생이라고 하니 따뜻하게 맞아 주셨어. 벤담은 햇빛이 잘 들어오는 창가에 누워 있었어. 우리는 벤담의 안부를 확인하자마자 주방으로 가서 도넛을 만들었지. 정말 열심히 만들었어. 벤담이 먹던 가게의 도넛 맛과 똑같은 맛을 내고 싶었으니까.

우리는 갓 만든 따뜻한 도넛을 벤담에게 가지고 갔어. 벤담이 도넛을 한 입 베어 물었어. 우리는 벤담이 말하기를 기다렸지.

"어때, 벤담?"

나는 궁금증을 참지 못하고 물었어.

"음……."

벤담은 한 입을 더 먹어 보더니 마침내 말했어.

"굉장히 맛있다! 가게에서 먹었던 맛과 똑같아. 아니, 더 맛있는데."

그러곤 씽긋 웃었어. 나는 벤담이 그렇게 웃는 걸 처음 봤어. 우리가 열심히 만든 도넛이 그렇게 맛있다니, 정말 기뻤어.

우리는 옥스퍼드로 돌아오는 길에 너무 피곤해서 마차 안에서 잠이 들어 버렸어. 그런데 아저씨는 잠도 자지 않고 어떤 생각에 몰두하는 것 같았지. 옥스퍼드에 도착하고 마차에서 내리자마자, 아저씨는 곧바로 런던으로 출발하려고 했어.

"아저씨, 런던은 왜요? 우린 지금 너무 피곤하단 말이에요."

"그래요, 아저씨. 저도 그렇고 헤리도 너무 지쳐 있으니 우리 하루만 더 쉬었다 가요, 네?"

"시간이 없어. 런던에 가서 해야 할 일이 있단 말이야."

"무슨 일이요? 노팅엄에 갔던 마차가 런던으로 돌아오려면 아직 열흘도 더 남았잖아요?"

"헤리야. 내가 전에 한 말 기억나니?"

"무슨 말이요?"

"사회복지사인 나건아가 여기까지 온 이상, 한 가지라도 할 수 있는 일을 해 놓고 가고 싶다고 했던 말 말이야."

"아, 그거요? 그런 말을 했었죠. 해리 같은 아이들이 더 이상 생기지 않게 도와주고 싶다고요."

"그래, 내가 여기까지 와서 벤담을 만나게 된 건 바로 공공의 행복을 위해 일을 하라는 하늘의 뜻이야."

"공공의 행복을 위해 뭘 할 건데요?"

"바로 런던에서 도넛 가게를 차리는 거야!"

도넛 이론

"갑자기 도넛 가게라뇨?"

"벤담의 책을 보면 도넛과 관계된 이론이 있어."

"예? 도넛이요?"

"응. 바로 벤담이 어린 시절에 도넛을 좋아했기 때문에 도넛을 예로 들었겠지만, 바로 쾌락과 관련이 있는 이론이야. 잘 들어 봐. 만약 도넛 백 개를 가진 사람이 있다면 그 사람은 굉장히 행복할 거야, 그렇지?"

"그렇겠죠."

"그 사람은 많은 양의 쾌락을 느끼고 있겠지. 그런데 옆에는 도넛을 한 개도 가지지 못해서 굶고 있는 사람이 네 명

있다고 생각해 봐. 마치 지난날 해리처럼 말이야. 그렇다면 헤리 너는 어떻게 하고 싶니?"

"제 마음대로 할 수 있다면 당연히 도넛 백 개를 가진 사람에게 네 개를 뺏어서 네 명에게 한 개씩 나누어 주겠어요."

"그렇겠지? 아마 모두가 그렇게 생각할 거야."

"그런데 아저씨, 도넛을 뺏긴 사람은 자신의 것을 뺏기게 되니까 고통을 느끼게 되잖아요?"

"그렇지, 그런데 도넛을 뺏긴 사람의 고통과 도넛을 얻은 사람의 쾌락 중 어느 것이 더 크겠니?"

"음, 당연히 도넛을 얻은 사람들은 지금까지 굶고 있었으니까 도넛을 얻으면 쾌락이 크겠죠? 반대로 백 개를 가지고 있던 사람은 아직도 아흔여섯 개가 남아 있으니 계속 굶주리던 사람보다는 고통이 크지 않을 것 같아요."

"그래. 그렇게 생각한다면 사회 전체의 이익은 커지겠니, 작아지겠니?"

해리가 대답했어.

"작은 고통이 생기기는 했지만 그보다 훨씬 더 큰 쾌락을 얻었으니 전체적으로 보면 이익이 더 커진 거네요."

"그래, 그게 바로 벤담이 주장한 '최대 다수의 최대 행복'이야. 이제 아저씨가 왜 도넛 가게를 차리자고 했는지 알겠지?"

"알겠어요. 아저씨는 도넛 가게를 차려서 번 돈을 공공의 이익을 위해 쓰겠다는 말이죠?"

"그래! 그러니 어서 런던으로 떠나자!"

"그런데 우리가 어떤 돈으로 가게를 차려요? 당장 돈이 없잖아요?"

"그럴 줄 알고 벤담 부모님께 부탁해서 돈을 조금 빌려 왔지."

"네? 벤담의 부모님께요?"

"응. 벤담이 나중에 훌륭한 철학자가 되기 위해서는 장사도 해 봐야 한다고 부모님을 설득했지. 물론 그 생각은 아저씨 머리에서 나왔지만."

이렇게 해서 우리는 런던으로 떠나게 되었어. 벤담은 약한 몸 때문에 직접 장사를 할 수 없었어. 그래서 우리는 장사가 어떻게 되어 가는지 편지로 알려 주기로 했어.

너희가 믿을지는 모르지만 런던에서 우리는 굉장히 많은 돈을 벌었어. 우리 도넛이 맛있다고 소문이 났기 때문이지.

손님이 너무 많아서 우리는 눈코 뜰 사이도 없이 바빴어. 나중에는 해리가 다니던 방직 공장의 아이들을 고용했어. 우리 도넛 가게는 일자리로도 인기가 많았어. 도넛을 실컷 먹을 수 있고, 공장보다 일도 힘들지 않고, 무엇보다 월급이 많았기 때문이야. 공장에서 힘든 일을 해도 많은 돈을 받지 못하는 아이들에게 소문이 나자 너도나도 우리 가게에서 일을 하겠다고 몰려들었지.

아이들이 열심히 일해 주어서 도넛 가게는 점점 더 번창했어. 런던에서만 우리 도넛 가게 지점이 다섯 개나 됐으니 말이야.

네 생각은 어때?

베컴 아저씨와 아이들은 공공의 행복을 위해 런던에서 도넛 가게를 차리기로 했어요. 이들이 벤담의 도넛 이론에 대해 대화를 나눈 부분을 잘 읽은 후 '최대 다수의 최대 행복'과 연결 지어 설명해 보세요.

▶풀이는 209쪽에

위기일발 아저씨

그러던 어느 날 문제가 생겼어. 주위에 있던 공장의 주인들이 아저씨를 찾아온 거야.

"당신이 베컴인가 하는 사람이오?"

"그런데요. 무슨 일이세요?"

"당신, 도대체 어디서 온 사람이야?"

"왜 그러시는 겁니까?"

"이상하게 생긴 동양인이 왜 우리 공장 아이들을 자꾸 빼돌리는 거지?"

"빼돌리다니요? 그 아이들은 자기 마음대로 일자리를 선택할 수 있습니다. 돈을 많이 주는 곳에서 일하는 것은 당연하고요."

"당신 때문에 우리 공장이 잘 돌아가지 않고 있어. 아이들이 돈을 더 달라며 일을 하지 않고 있기 때문이야! 이거 어떻게 책임질 거야!"

"그건 지금까지 일하는 아이들에게 가혹하게 대한 당신들의 잘못 때문입니다. 난 책임질 이유가 없어요!"

"뭐, 뭐라고, 이 자식이!"

공장주들 중 가장 키가 크고 뚱뚱한 아저씨가 베컴 아저씨의 멱살을 잡았어. 해리는 다른 지점에 나가서 일을 하느라고 가게에는 나와 심부름을 하는 어린아이밖에 없었어. 우리는 겁나서 어쩔 줄 몰랐어.

그때였어.

저 멀리서 와, 와 하는 소리가 들리더니 순식간에 스무 명도 넘는 아이들이 몰려들었어. 그 뚱뚱한 아저씨의 공장에서 일하는 아이들이었지. 그 아이들은 뚱뚱한 아저씨와 다른 아저씨들에게 달려들더니, 옷을 잡아당기고 올라타 뚱뚱한 아저씨를 베컴 아저씨에게서 떼어 냈어.

"아이코! 이게 뭐하는 짓들이야! 아이코!"

뚱뚱한 아저씨의 팔을 무는 아이도 있었어. 이렇게 해서 우리 가게는 위기를 넘길 수 있었지. 그런데 그날 일로 인해 더 큰 문제가 생겼어. 런던시청에서 근무하는 관리가 우리 가게를 찾아온 거야.

"공장주들이 이 가게를 신고했습니다."

"그래서 우리보고 어떻게 하라는 거예요? 우리는 도둑질을 한 것도 아니고 나쁜 짓은 하나도 한 적이 없는데 왜 그러시는 거예요?"

나는 너무 화가 나서 앞으로 나서며 말했어.

"듣자 하니 어려운 아이들을 데려다 입혀 주고 먹여 준다는데 맞습니까?"

관리 아저씨는 내 말을 무시하고 가게 구석구석을 살피며 물어보았어.

"맞습니다만."

"그런 일을 하시는 이유가 뭐죠?"

"공공의 행복을 위해서입니다."

"공공의 행복이요?"

"네."

"베컴 씨라고 하셨죠? 당신이 그런 일을 하지 않아도 공공의 이익을 위하는 일은 나라에서 알아서 하고 있습니다.

나서지 마시죠."

"나라에서 공공의 이익을 위해서 한다는 일이 뭡니까? 일곱 살짜리 아이들이 공장에서 위험한 일을 하면서도 제대로 먹지도 못하고 있습니다. 이게 나라에서 하는 일입니까? 게다가 월급이 적은 아이들이 고용되면서 일자리를 뺏긴 사람들이 늘어나다 보니, 거리엔 노숙자들이 많이 생겼어요."

"일자리를 잃은 사람들에게는 실업 수당이라고 해서 나라에서 돈을 주고 있습니다. 나라에서 이렇게 하고 있는데 뭐가 부족합니까?"

"바로 그 실업 수당이 문제라는 겁니다."

"그게 문제라뇨? 그게 무슨 말입니까?"

"길거리의 노숙자들은 대부분 일을 할 수 있는 건강한 사람입니다. 그런 사람들에게 일자리를 주지 않고 돈을 주니 그들은 더 일을 하지 않는 것입니다. 일을 할 수 있는 건강한 사람이 일을 하지 않는 것은 사회 전체로 보면 큰 손해입니다. 차라리 그들에게는 일자리를 만들어 주고 그 돈으로 일할 능력이 없는 사람들을 도와주는 게 낫지 않을까요?"

"음……."

관리 아저씨는 아무 말도 하지 못하고 한숨만 쉬었어. 나와 해리도 베컴 아저씨가 하는 말이 다 옳다고 생각했어.

"듣고 보니 당신 말이 맞네요. 다음부터 일을 할 때는 당신 말을 참고하겠습니다. 그런데 한 가지 궁금한 게 있습니다. 방금 하신 말은 모두 개인적인 의견인가요? 당신은 법을 공부하시는 분인가요?"

"제가 한 말은 제 생각이 아닙니다. 저도 어떤 사람의 생각을 대신 말한 것뿐입니다."

"그게 누군데요? 혹시 책을 쓰신 분인가요? 그렇다면 소개 좀 해 주시지요. 저희 시청에 근무하는 관리들도 그분에게 배워야겠습니다."

"그분은……."

아저씨는 말을 하다 말고 나를 쳐다보았어. 그리고 찡긋, 윙크를 했지.

"그분은 제러미 벤담이라는 철학자입니다."

"제러미 벤담이요? 그런 철학자의 이름은 들어 본 적이 없는데요. 확실히 제러미 벤담이 맞습니까?"

"맞습니다. 그분은 아직은 널리 이름을 떨치지는 못했지만 곧 훌륭한 철학자가 될 겁니다. 나중에 그분의 책이 나온다면 꼭 사서 읽도록 하십시오."

나와 해리는 웃음을 참지 못했어. 관리 아저씨의 뭐가 뭔지 모르겠다는 표정이 너무나 우스웠거든.

결국 이 일로 인해 주변에 아이들을 고용하고 있던 많은 공장주들이 아이들의 월급을 올려 줄 수밖에 없었어. 아이들이 월급을 올려 주지 않으면 모두 나가서 다른 일자리를 찾겠다고 했기 때문이야.

도넛 가게는 여전히 장사가 잘되었어. 그리고 우리가 떠날 날이 다가오고 있었지.

철학자의 생각

진정한 행복이란

가능한 한 많은 사람과 행복에 속하지 못한다면

마지막으로 여러분과 진정한 행복에 대해 이야기를 나누고 싶습니다. 우리는 지금까지 공공의 행복에 대해서 이야기했습니다. 공공의 행복이란 최대 다수의 최대 행복입니다.

최대 다수란 모두가 아닌 가능한 한 많은 사람이란 뜻이며, 최대 행복이란 역시 가장 좋은 쾌락이나 행복이 아니라 가능한 한 가장 좋은 쾌락이나 행복을 뜻합니다. 만약 여러분이 가능한 한 많은 사람과 가능한 한 많은 행복의 범위에 속하지 못하면 어떻게 될까요? 이 범위에 속하지 못한 사람은 행복하지 못합니다. 비록 그 수가 아주 적더라도 마찬가지입니다. 이것이 벤담을 중심으로 한 영국 공리주의자들의 생각입니다.

여러분은 복권이 무엇인지 아시죠? 여러분의 부모님이나 주위의 어른들이 복권을 사는 경우를 보았을 것입니다. 이 복권은 중세 이후 오늘날까지 유행하고 있습니다. 복권을 산 사람이나 복권을 사지 않은 사람이나 복권 당첨에 대한 꿈은 늘 갖고 있습니다. 복권을 사지 않은 어떤 사람이, 자신과 전혀 관계없는 다른 사람이 복권에 당첨되기를 바랄까요?

공공의 행복을 먼저 생각하는 것

사람은 자신의 욕망을 만족시키기 위해서 쾌락을 바란다고 했습니다. 그렇다면 내가 아닌 다른 사람이 복권에 당첨되면 안 되겠죠? 왜냐하면 복권에 당첨된 사람의 쾌락은 나의 쾌락이 될 수 없기 때문입니다. 그러나 공리주의자들은 내가 복권을 구입하지 않더라도 남이 복권에 당첨되기를 바라야 한다고 주장합니다.

최대 다수의 최대 행복이라는 범위에 속하지 못하는 사람은 어떻게 될까요? 내가 그 범위에 속하지 않는다고 해서 사회의 최대 행복이 이루어지지 않는 것은 아니겠죠. 뿐만 아니라 나 또한 그 범위에 속할 수 있다는 희망으로 사회의 최대 행복을 빌어 주어야 합니다. 복권도 이렇게 생각하면 됩니다.

그래서 벤담은 국가에서는 실업자를 도와주지 말라고 했습니다. 실업자는 일할 수 있는 능력을 가진 사람입니다. 일할 수 있는 능력을 가진 사람은 계속 일을 해야 합니다. 하지만 힘없고 가난한 사람이나 일할 능력이 없는 사람은 어떨까요? 그들은 일을 하고 싶어도 할 수 없는 사람입니다. 벤담은 이런 사람을 나라에서 도와주어야 한다고 주장했습니다.

나보다 남을 먼저 생각하는, 즉 공공의 행복을 먼저 생각하는 것이 바로 벤담이 이야기하는 진정한 행복이겠죠.

즐거운 독서 퀴즈

1 다음 글에서 설명하는 용어는 무엇일까요? (   )

- 최대한 많은 사람들이 최대한 많은 행복을 누리는 것
- 도둑은 행복하지 않더라도 많은 사람들이 행복할 수 있도록 도둑을 감옥에 가두는 것
- 현장 학습으로 놀이동산에 가자는 소수의 의견보다 곤충 채집을 하러 가자는 다수의 의견을 따르는 것
- 작은 고통이 있지만 훨씬 더 큰 쾌락이 생기므로 전체적으로 보면 이익이 더 커지는 것

❶ 최대 소수의 최대 행복   ❷ 최대 다수의 최소 행복
❸ 최대 소수의 최소 행복   ❹ 최대 다수의 최대 행복

정답

❹ 최대 다수의 최대 행복

2 다음 중 공공의 이익이 아닌 것을 모두 골라 보세요.
( )

❶ 베컴 아저씨가 도넛 가게에 방직 공장 아이들을 고용해서 도넛을 실컷 먹게 하고 월급도 많이 준 것
❷ 공장주들이 방직 공장에서 아이들을 가혹하게 부려 먹은 것
❸ 나라에서 일자리를 잃은 사람들에게 실업 수당을 주는 것
❹ 나라에서 일자리를 잃은 사람들에게 일자리를 만들어 주고, 일할 능력이 없는 사람들에게는 경제적인 지원을 하는 것

정답

❶ 공장주들이 방직 공장에서 아이들을 가혹하게 부려 먹은 것
❷ 나라에서 일자리를 잃은 사람들에게 실업 수당을 주는 것

에필로그

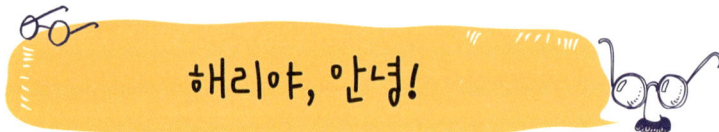

해리야, 안녕!

    해리는 말은 하지 않았지만 속으로는 우리가 조금 더 있다 가기를 바라는 것 같았어. 나도 아저씨도, 여기에 조금 더 머물면서 어려운 아이들을 돌봐 주고 싶었지만, 그렇게 되면 마차를 놓쳐 집으로 영영 돌아가지 못할지도 모르는걸!
    게다가 언니의 생일이 다가오고 있었어. 1700년대의 영국에서 2000년대의 대한민국 날짜를 어떻게 아냐고? 바로 손톱 때문이야. 나랑 언니는 지난여름에 봉숭아로 손톱에 꽃물을 들였거든. 언니는 꽃물을 들여 주면서 '이 꽃물이 빠질 때쯤이면 언니 생일이 다가오는 거야.'라고 혼잣말처럼 말했어. 내 하나뿐인 가족이 쓸쓸하게 생일을 맞는 건 너무 슬픈 일이잖아. 안 그래?

해리가 말한 마차는 정확한 날짜에 런던역에 도착했어. 해리를 비롯한 아이들이 모두 배웅을 나와 주었어. 하지만 벤담은 또 몸이 아파 나오지 못했지. 벤담이 빨리 건강해져서 좋은 생각들을 많이 퍼뜨리기를 비는 수밖에.

"해리, 건강해야 해."

베컴 아저씨는 해리의 머리를 쓰다듬으면서 말했어. 나는 아무 말이라도 하고 싶었지만 할 말이 생각나지 않았어. 해리를 처음 만났을 때는 영화 속 주인공인 해리 포터와 똑같이 생겨서 신기하기만 했는데, 그동안 정이 들었는지 친오빠처럼 느껴졌어. 나는 나오려는 눈물을 꾹 참고 말했어.

"해리, 우리가 같이 세운 이 도넛 가게, 절대로 망하게 하면 안 돼!"

"망하다니! 난 이 도넛 가게를 내 아들에게 물려주고, 또 손자들에게도 물려줘서 더 큰 가게로 키울 거야. 런던뿐만 아니라 전 세계에 이 도넛 가게를 세울 거야. 많이 번 돈은 공공의 이익을 위해 쓸 거고."

"그래. 꼭 그래야 한다."

베컴 아저씨는 미소를 지었어.

"진짜예요, 아저씨. 아저씨가 사는 곳이 2000년대의 대한민국이라고 했죠? 그곳에도 도넛 가게가 있을 거예요. 꼭 찾아보시라고요!"

"타실 겁니까? 안 타실 겁니까? 이제 곧 출발합니다."

마부 아저씨가 채찍으로 말을 때리니 히힝 하고 말이 울었어. 우리는 마차 앞에 서서 돈을 치렀지.

"어른 하나, 아이 하나. 짐칸이요."

"네? 짐칸이요? 좌석이 아니라 짐칸에 타신단 말입니까?"

"네."

우리는 마차로 오르는 계단에서 해리와 진짜 작별 인사를 했어.

"안녕히 가세요, 아저씨. 그리고……."

해리는 내 손을 잡더니 손등에 입을 맞추었어.

"Good bye, my fair lady!"

그리고 곧 어두워졌어.

눈을 떠 보니 신기하게도 내 옷장이 보였어. 나는 침대에 누워 있었어. 누운 채로 손을 내려다보았어. 해리가 왕자님처럼 손등에 입을 맞췄던 게 생각나서 조금 부끄러웠어.

나는 일어나 학교에 갈 준비를 했지. 그런데 방 안으로 언니가 들어왔어.

"혜리야, 어디 가려고?"

"학교 가야지."

"아픈 애가 학교를 가려고 해? 얼른 자리에 누워. 언니가 죽 끓여 줄 테니까."

"무슨 소리야? 아프다니? 나는 학교를 한 달이나 빠졌기 때문에 이제부터 열심히 공부하지 않으면 장군이한테 일등을 빼앗긴단 말이야."

"한 달이라니? 겨우 어제 하루 쉬었으면서."

"하루?"

"너 어제 옷장에 숨었던 거 기억 안 나?"

"기억……나."

"그래. 어제부터 네가 끙끙 앓아서 밤새 언니도 한숨도 못 잤어. 열이 많았는지 헛소리를 엄청 하더라. 얼마나 걱정했는지……."

"헛소리? 무슨 헛소리?"

"뭐라더라? 해리라고도 했고 그리고 벤담도 있었고. 너, 언니 책 몰래 읽었지?"

그럼 그게 다 꿈이란 말이야? 그럴 리가 없는데? 난 손톱을 보았어. 그런데 손톱에서 거의 빠지려고 하던 봉숭아 꽃물이 다시 선명하게 들어 있는 거야.

난 뭐가 뭔지 혼란스러워서 다시 침대에 엎드리고 말았어. 눈물이 날 것 같기도 하고 언니 말대로 열이 나는 것 같기도 했어. 그래! 나 혼자만 겪은 일도 아니고 베컴 아저씨가 있었지. 아저씨는 기억하고 있을 거야.

그때 쿵쿵거리는 소리가 났어.

"유리야! 혜리야! 집에 있니?"

어? 아저씨다.

"아저씨! 아저씨!"

"혜리야? 많이 아프다면서? 너 좋아하는 도넛 사 왔는데 먹을 수 있겠니?"

"아저씨, 그게 아니라요……. 아저씨! 우리 옥스퍼드에 갔던 것 생각나요?"

"그게 무슨 말이야? 옥스퍼드라니?"

"옥스퍼드랑 노팅엄이랑 해리…… 그리고 벤담도요!"

"해리와 벤담이라니? 이상한 소리 하지 말고 어서 이 도넛 좀 먹어 봐. 네가 좋아하는 초콜릿을 잔뜩 바른 걸로 사

왔으니까."

 이럴 수가. 역시 꿈이었나 봐. 나는 너무 허탈해서 어쩔 줄 몰랐어. 도넛이고 뭐고 다시 옷장 문을 열고 들어가고 싶은 마음뿐이었어. 너희는 내 기분을 이해할 수 있겠지? 그렇게 많은 일들이 모두 꿈이었다니 말이야. 그런데 방으로 돌아가려는데 눈에 띄는 게 있었어. 바로 도넛 상자였지. 거기에는 이렇게 쓰여 있었어.

Harry's Doughnut

 믿을 수 없다고? 정말이야. 너희도 도넛을 먹고 싶다면 거리로 나가 봐. 거기 맛있는 도넛 가게가 있을 거야. 해리와 내가 만든 도넛 가게 말이야!

네 생각은 어때? 문제 풀이

94p

요즘은 경찰의 눈이 미치지 못하는 길목이나 공공장소에 감시 카메라가 많이 설치되어 있습니다. 원래 감시 카메라의 목적은 범죄로부터 시민의 안전을 지키기 위한 것이었습니다. 하지만 감시 카메라에 범죄자의 모습만 찍히는 것은 아닙니다.

감시 카메라가 내 머리 위에서 작동하는 줄도 모르고 한 행동들이 감시 카메라를 통해 낯선 사람에게 모두 보인다고 생각하면 아무리 나의 안전을 지키기 위해서라고 해도 기분이 좋지 않습니다. 최대 다수의 최대 행복을 위해 개인의 사생활이 침해받는 것 정도는 감수해야 한다는 의견도 있습니다. 하지만 개인의 입장에서 생각해 보면 사생활을 침해받는 것도 고통스러운 일입니다. 따라서 감시 카메라가 갈수록 다양한 장소에 설치되고 있는 것에 대해 최대 다수의 행복과 개인의 사생활 침해라는 두 가지 문제를 해결할 수 있는 방법이 필요합니다.

107p

벤담은 공공의 이익을 위해서 무엇보다 의무를 강조했습니다. 벤담은 사람들이 자신의 이익만을 생각하지 말고 의무를 다할 때 행복이 이루어진다고 생각했습니다. 따라서 벤담은 가능한 한 많은 사람들이 의무를 다할 수 있도록 하는 법을 만들어야 한다고 주장했습니다. 대부분의 사람들은 개인의 이익이 공공의 이익보다 더 중요하다고 생각할 것입니다. 그러므로 벤담은 법을 만드는 사람들은 개인의 이익보다는 공공의 이익을 생각하고 법을 만들어야 한다고 생각했습니다.

135p

벤담은 사람이 어떤 행동을 할 때 쾌락이 따르면 그 행동을 하고, 고통이 따르면 그 행동을 하지 않는다고 생각했습니다. 그러나 최대 다수의 최대 행복을 도덕의 기초로 삼게 되면 사람들이 어떠한 행동을 하고, 하지 않고는 '나'의 쾌락이나 고통으로 결정하는 것이 아니라 '우리'의 쾌락이나 고통으로 결정하게 됩니다. 이렇게 되면 내가 어떤 행동을 하는 것은 나의 쾌락과 고통에 의해 판단하지만, 주변 사람들의 고통과 쾌락도 생각하게 됩니다.

즉 사람이 살면서 서로 고통과 쾌락을 나누면서 공공의 이익과 행복을 위해 양보하는 것, 그것이 최대 다수의 최대 행복입니다. 개인의 옳은 행동과 쾌락이 모이면 사회의 옳은 행동과 쾌락이 됩니다. 그렇게 되면 최대 다수의 최대 행복이 사회의 옳은 행동이며 쾌락이 됩니다.

158p

쾌락은 돈을 많이 벌었을 때 느끼는 것 같은 단순한 쾌락과 은혜의 쾌락, 사랑의 쾌락 등으로 나눌 수 있습니다. 은혜의 쾌락은 버스나 지하철에서 몸이 불편한 할머니에게 자리를 양보해 드렸을 때나 다른 사람 대신에 힘든 일을 해 주었을 때 느낄 수 있습니다. 사랑의 쾌락은 어떤 사람을 좋아하는 감정이 들 때 느낄 수 있습니다. 사랑의 쾌락은 사람뿐만 아니라 동물이나 내가 소속된 단체를 사랑하는 것도 해당됩니다.

167p

쾌락 계산법에 의해서 유용성을 따져 버스 정류장의 위치를 정하면 됩니다.

사람 수(실제 이용자)×유용성(이용 횟수)=유용성의 총량
A 동네 50×2=100
B 동네 10×20=200

따라서 유용성의 총량이 더 높은 B라는 동네에 버스 정류장을 설치해야 합니다. 벤담의 유용성이란 쉽게 말해 '누가 더 잘 쓸 수 있는지'를 말하는 것입니다. 문제는 그 유용성을 정확하게 알 수가 없다는 것입니다. 벤담은 쾌락 계산법에서 사람 수에 유용성을 곱하면 된다고 했는데, 유용성을 항상 숫자로 표현할 수 있는 것은 아닙니다. 왜냐하면 사람의 만족도는 감정에 따라 달라지므로 숫자로 표현할 수 없기 때문입니다.

187p

도넛 백 개를 가진 사람이 있습니다. 이 사람은 행복합니다.

그런데 옆에는 도넛 한 개도 가지지 못해서 배가 고픈 사람이 네 명 있습니다. 이 사람들의 고통은 몹시 클 것입니다. 배고픈 네 명을 위해 도넛 백 개를 가진 사람에게서 도넛 네 개를 빼앗아 나누어 줍니다. 도넛을 빼앗긴 사람은 고통을 느끼겠지만 도넛을 갖게 된 사람들은 더 큰 쾌락을 느끼게 될 것입니다. 반면 백 개를 가지고 있던 사람들은 아흔여섯 개의 도넛이 남아 있기 때문에 배고팠던 네 사람의 고통보다는 크지 않을 것입니다. 그러므로 사회 전체의 이익은 커지게 됩니다. 이것이 바로 벤담이 말하는 '최대 다수의 최대 행복'입니다.

벤담이 들려주는 최대 다수의 최대 행복 이야기
나의 행복과 모두의 행복

ⓒ 서정욱, 2006

초 판 1쇄 발행일 2006년 2월 14일
개정판 5쇄 발행일 2024년 4월 26일

지은이   서정욱
그림   김효영
펴낸이   정은영

펴낸곳   (주)자음과모음
출판등록 2001년 11월 28일 제2001-000259호
주소   10881 경기도 파주시 회동길 325-20
전화   편집부 (02)324-2347 경영지원부 (02)325-6047
팩스   편집부 (02)324-2348 경영지원부 (02)2648-1311
e-mail   jamoteen@jamobook.com

ISBN 978-89-544-4023-3 (73810)

잘못된 책은 구입처에서 교환해 드립니다.
저자와의 협의하에 인지는 붙이지 않습니다.

이 책은 『벤담이 들려주는 최대 다수의 최대 행복 이야기』(2006)의 개정증보판입니다.